タワマン理事長

ある電通マンの記録

竹中信勝

はじめに——マンション住まいの宿命「管理組合役員」

私たちの日常に欠かせない「衣食住」。あらためて衣・食・住の並びを見ると、衣類も食事も豊かな生活を営む上で言うまでもなく大切な要素ですが、住居だけは毛色が違います。住居は一生モノの付き合いになることもありますし、住宅ローンや修繕費など、のしかかる重みも衣食とは別次元です。

ハリウッドスターが所有するような大豪邸は望まないまでも、「もっと新しくて駅近の家に住みたい」や「リビングがもう少し広ければ友人を招いてホームパーティーができるのに……」など、ささやかな願望は誰にでもあるもので、列挙すればキリがないのではないでしょうか。理想的な住環境を求め続けてしまうのは、もはや人間の本能なのかもしれません。

その欲求を具現化した究極の住環境といえるのがタワーマンション、通称「タワマン」です。「私はタワマンに住んでいるんだ」というステータス感が心を満たし、明日を生きる活力になってくれるのはもちろん、日当たりや眺望のよさ、共用施設の充実度やセキュリティの高さなど、人々を「ここに住みたい」と思わせる要素が詰まっています。

そんな魅力に惹かれる人も多いマンションですが、私自身も幼少期を戸建てで過ごしたものの、途中で親がマンションを購入し、実家がマンション暮らしに変わりました。その影響もあってか、社会人になりたての頃に独身寮で暮らしていた時期を除き、現在に至るまでマンション住まいを続けています。

マンションを選ぶ最大のメリットは、第三者に建物を管理してもらっている安心感だと思います。戸建ての場合は建物の清掃や修繕、リフォームをはじめ、何から何まで自分でやらなければなりません。さらに大変なのは、それらのタイミングを自分で判断しなければならない点です。そうした面倒がないマンション住まいには昔から魅力を感じてきました。

今になって振り返ると、管理組合の役員という役割を具体的に考えることなく、ただ住み心地のよさだけを享受していたからこそ、マンション生活を快適に感じていたのだと思います。

ところがある日、私のマンション観は一変。マンション管理組合の役員の輪番が回ってきたのです。それだけならまだしも、抽選で理事長の役が当たってしまいました。宝くじはいくら買っても当たらないのに、こんなときだけ引きが強いのはどうしてなのでしょうか。

理事長に就任してからの奮闘はのちの章で詳しく述べますが、とにかく想像していた仕事内容よりもはるかに複雑で、これほど情報が溢れた世の中になったにもかかわらず、参考になりそうな情報が少なく苦労しました。たとえば、公開空地の問題や、落雷による建物の損傷など、問題が起こるたびに解決方法を検討するさまはまさに手探り状態でした。

タワマンでなくてもほとんどのマンションに管理組合は存在し、その役員決めは公平性を保つため、輪番制を採用している場合が多いです。つまり、マンションで暮らす以上、管理組合の役員を経験することは避けられません。これこそがマンション暮らしの宿命ともいえるでしょう。

住民全員が平等に役割を果たし、マンション運営に貢献する機会が与えられている……と書くと、管理組合役員への就任はむしろ誇らしくありがたいことのような気がしますが、実際に自分にその番が回ってくると、罰ゲームのように感じるのが正直なところです。私自身もそうでしたが、新しく任命された役員の知識・経験不足で本人が苦労するとともに、運営もスムーズにいかない例はごくありふれた話です。

「タワマン理事長」になった私は「同じような境遇の経験者がもっと情報を発信してくれないかな……」と思うことが何度もありました。それなら私が発信源になろうと考えて始めたのが『タワマン理事長日記』というブログです。

本書では、私が実際に経験し、ブログで発信してきた数々のトラブルとその対処法をご紹介しながら、「電通マン」の視点から「タワマン」というコミュニティを改善していく術をまとめています。

今まさに管理組合の役員に任命されて不安を感じている方もいらっしゃるでしょう。本書では管理組合役員を引き受けることで得られるメリットや、新たな視点を取り入れるためのアイデアもお届けします。

先述したように、マンションに住んでいるかぎり、避けては通れないのが管理組合の役員です。すでにマンションに住んでいるけれどまだ役員が回ってきていない方、これからマンションに住みたいと考えている方も、本書を一読すればいざというときに慌てないための、心の準備ができるかと思います。

やっと手に入れた夢のマンション生活を充実させるために、私の経験が少しでもみなさんへのヒントになれば幸いです。

CONTENTS

【第2章】買う前に知りたかったタワマンの知識 35

［第3章］

クレームは全て理事長にやってくる
～理事長出動の記録①～

［第5章］タワマンのトラブル集 何でこうなるの？ ～理事長出動の記録②～

［第6章］

それでもやっぱりタワマン生活は最高！ 175

［第1章］

青天の霹靂！
ある日突然
タワマン理事長に

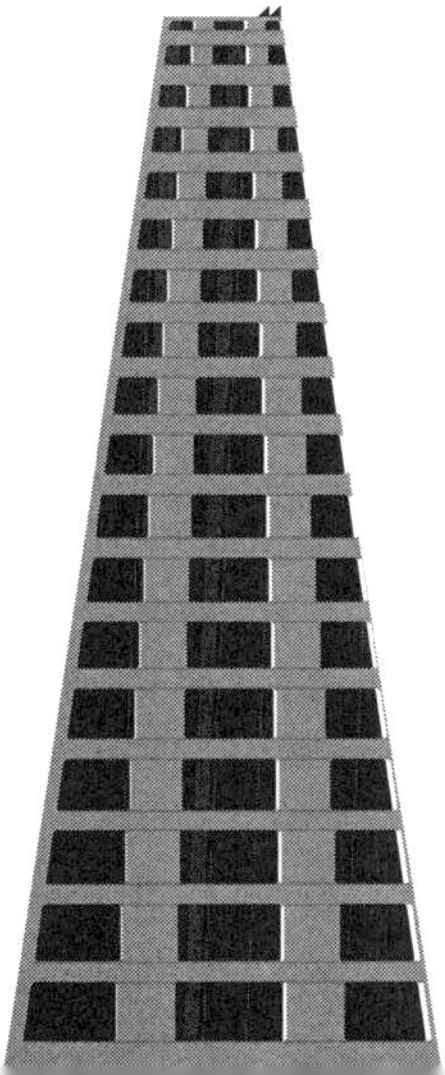

引っ越しを繰り返してきた会社員生活

全国に拠点がある会社に勤めていると、転勤は避けて通れない道。電通に入社してからというもの、私は何度も転勤を経験し、そのたびに引っ越しを繰り返してきました。転勤の辞令は往々にして、新たな赴任先への転居がギリギリ間に合う絶妙なスケジューリングで発表されます。

辞令が下った直後は「あと〇日で引っ越し!? 間に合わなかったら最悪はしばらくホテル暮らしか……?」と気持ちだけ焦るのですが、なんだかんだ毎回必ず転勤までにしっかりと引っ越し完了してしまうのですから不思議です。

独身時代の転勤は、半ば旅行気分で、物件にもそれほどこだわることなく引っ越しをしていました。転勤時の物件探しは時間に余裕がないため、一日から二日で決めなければならないことがほとんど。不動産会社が案内してくれる物件を回るにも、丸一日使ってせいぜい2、3件でしょう。限られた選択肢の中で必要な条件を満たす物件に決めるのは、どうしても消去法に近い選び方になりがちです。

絵に描いたような会社人間だった私は、とにかく会社からの近さを最優先事項にして物件選びをしていました。「寝る場所さえあればなんとかなる！」の精神で、家の間取りや設備などで多少気になることがあっても目を瞑る……というのが当時のモットー。地方に転勤した際は、会社へ徒歩通勤が可能な近さにありながら家賃の安い物件がたくさんあり、東京都心では考えられない生活に満足感をおぼえたものです。

ところが結婚して子どもが生まれると、引っ越し事情も大きく変わります。独身時代のように通勤時間を優先させたい私と、家族の意見がまるっきり対立。通勤の利便性を考慮して最寄駅から徒歩圏内の物件を選ぶと、築年数が古くて狭く、騒音をはじめとした環境の悪さが目立ちます。逆に、家の近くからバスに乗らなければならないくらい最寄駅までの距離が遠い物件は、新しく、広く、静かな環境が整っていて、なんといっても家賃が安いです。

家族が増えてからの転勤は、そのたびに部屋数や周辺環境、子どもが通う学校の問題など、考慮すべきさまざまな事情と直面し、結果として会社への距離もどんどん遠くなっていきました。

東京本社勤務で生まれた、タワマンとの出会い

私にとって、もう何度目の転勤だったでしょうか。遂に東京本社勤務が命じられました。

それが命じられたのは7月でしたが、子どもが通う学校の区切りは半年以上先の3月です。家族と相談し、その間は私の単身赴任が決定しました。

転勤先には社宅が用意されていたものの、狭い部屋しか空きがなく、借り上げ社宅として予算内の賃貸住宅を探すことに。私の希望としては、通勤時間が長くても構わない代わりに、会社の最寄駅まで乗り換えがない鉄道沿線で、駅近の物件。この条件だけは譲れませんでした。

不動産は水モノです。タイミング次第で良い物件に出会えるかどうかは運に左右される部分も大きいのです。

不動産会社に条件を伝え、候補となる物件のピックアップをお願いし紹介されたのが、首都圏の郊外にあるタワーマンションの低層階でした。これが、後にタワマンでの生活や管理組合の役員として多くの試練に直面するきっかけになるとは、このときはまだ知る由もありませんでした。

いざ、初めてのタワマン暮らし

単身赴任からスタートしたタワマン生活は、ゴージャスで煌びやかなイメージとは裏腹に、ひっそりと慎ましやかなものでした。圧倒的な広さを誇るリビングに、私ひとりが暮らしていけるだけの最低限の荷物が運び込まれると、かえって広さが強調されるような気がしました。夜は一部屋だけ明かりを灯して、独身時代を思い出して懐かしいやら切ないやら、なんともいえない気分で過ごしていたのを憶えています。

近所にはスーパーがあり便利でした。帰りが遅くなっても帰宅途中にサクッと買い物ができました。一旦帰宅してから夕食の買い出しに出るのもなかなか億劫ですし、かといって手軽に買えるコンビニ弁当が続くと飽きてしまいます。

帰宅途中に立ち寄れるスーパーの便利さは、タワマンならではのメリットだと感じました。低層部には病院があったので、体調が悪いときでも移動の負担が少なく、非常に助かりました。

駐車場に漂うハイクラスな住人の気配

無事に子どもの学校の区切りがつき、いよいよ家族が合流するという段階で私の頭を悩ませたのは、駐車場問題でした。タワマンの駐車場は建物の内部にビルトインされており、スペースが限られていて、全戸分の駐車場は用意されていません。

我が家の所有する国産ファミリーカーがなんとか入る余地はないものか、駐車場を見に行くと、まるで高級輸入車ディーラーのモータープールのように、眺めているだけでうっとりしてしまうクルマたちがズラリ。ハイクラスな住人の気配に圧倒されつつ、私は結局、家からかなり離れた場所にある月極駐車場を借りることになったのですが、舗装もされていなければ屋根もなく、セキュリティの欠片もない駐車場に置かれたマイ・国産ファミリーカーの姿には哀愁が漂っていました。

マンションの駐車場に空きが出ていないかとたまにチェックしに行っていましたが、駐車場内に停められているクルマもホコリに覆われていたりして、頻繁には使われていないようでした。きっとゴルフ場に行くときくらいしか使わない人も多いのではないかと推測し、「それならウチにスペースを譲ってくれ……」と、何度思ったかわかりません。

駐車場が遠くて不便なこともあり、公共交通機関を使う頻度が自然と高くなっていった我が家。クルマと違って渋滞の心配がなく、目的地周辺で駐車場を探す手間を省けるため、それはそれで快適に感じられるようになりました。ないと困る、と思い込んでいたものでも、なければないなりにやっていけるものなのですよね、意外と。

外に出なくてもタワマンは楽しい

タワマンの最大の魅力はなんといっても、共用施設が充実している点でしょう。私が住んでいたマンションにはフィットネスジムやゴルフレンジ、キッズルーム、ゲストルーム、ビューラウンジなどが完備されていて、わざわざ外の施設を利用しなくても、タワマン内で完結できてしまうのが大変便利でした。

せっかくフィットネスジムに入会しても、通うのが面倒になって足が遠のき、月会費だけを払い続けるなんてこともよくあります。それに、「せっかく重い腰を上げて来たんだから」という意識があると、いつもより長時間頑張りすぎて疲れきってしまい、また通うのが億劫になる負のループに陥りしがち。その点、マンション内の施設なら無理なく継続できるのが最大のメリットです。軽い気持ちで足を運んで、「なんだか今日は調子が出ないなぁ……」と思ったら早々に切り上げて帰宅しても罪悪感がない。これが精神衛生上とても良いと感じています。

アクティビティ系以外にもライブラリーがあり、そこにはマンションの蔵書もあったので、ふと暇な時間ができたときにはよく利用し、プライベートな時間を満喫していました。

知らずに享受していた管理組合の恩恵

私が住んでいた部屋は賃貸物件なので、いわゆる大家さんが存在していたわけですが、住んでいる間にお会いすることは一度もありませんでした。これはタワマンに限ったことではなく、最近の賃貸物件で大家さんと住人が接点を持つ機会はほとんどないですよね。空調の不具合が起きて修理をお願いした際も、新しいエアコンに交換する手配を不動産会社が仲介し、スムーズに対応してくれました。

このときは自分の家のことしか考えておらず、共用部に発生した不具合などはマンション管理組合の役員が対応していて、私もその一員として問題解決に奔走する日がやってくるとは想像もしていませんでした。

よくよく思い返してみれば、年に一度マンションの夏祭りが開催されていました。ライトアップされた公開空地（マンション敷地内の住民共有スペース）に屋台が出て、当時まだ小さかった子どもと神輿を担いで練り歩いた思い出があります。純粋に夏祭りというイベントを家族で楽しんでいただけで、その運営をマンション管理組合が担っているのだと、深く考えることもなかったのです。

その当時でも長年マンション生活を送ってきていましたが、管理組合に関わったことはもちろんなく、友人や会社の同僚からマンション管理組合の役員をしているといった話も聞いたことがありませんでした。

周りを見渡せば、戸建てマイホームで暮らす友人知人よりもマンション暮らしの方が圧倒的に多いのですが、管理組合の類の話を聞いたことなどは皆無。「理事になっちゃって大変なんだよ」というような話を聞いたことがあれば、間違いなく記憶に残るはずです。それさえも聞こえてこないほどに、マンション管理組合の理事は私にとって縁遠い存在でした。

「高層階への憧れ」は突然に

ある日、会社の先輩が同じマンションに住んでいると知りました。子どものサッカーのコーチをしてもらううちに親睦が深まり、お宅にお邪魔する機会がありました。先輩宅は高層階にあり、そこから見える景色は我が家とは大違い。思わず息を飲みました。同じマンションなのに、これほどまでに差があるなんて！　遮るものがなにもない眺望は最高に素晴らしいのです。その光景が目に焼き付いて離れず、「いつかはタワマンの高層階に住みたい」と思うきっかけになりました。

遅かれ早かれ、いつかは借り上げ社宅から出なくてはならなかった私は、不動産の情報収集をもはや趣味のように行っていて、新しくできたタワーマンションがあれば妻とモデルルーム見学に足を運んだものです。

見学はほとんど冷やかしに近かったのですが、そのたびに学ぶことがあり、物件を見る目がどんどん養われていきました。そうなると、新築の分譲物件で、共用施設が充実した大型タワーマンションに住むこと以外は考えられなくなりました。東京転勤に伴ってたまたま紹介された物件がタワマンだったから住み始めただけなのに、さらに高層階に住みたい、共用施設が充実した物件に住みたい、と願うようになるのですから、人間の欲望は尽きないものだとつくづく思い知らされます。

そして巡ってきたチャンス

借り上げ社宅とはいえ、初めてのタワーマンション暮らしを始めてから数年後。駅前に新しいタワーマンションが建設されるとの情報が入ってきました。それからというもの、毎日の通勤で駅前を通るたび、そのマンションの建築風景を目にして、次第に心惹かれていくように。何よりも駅前の立地にはもう空きがなく、周辺では最後に残された立地です。子どもが通う学校の学区も変わらないため、転校させる必要がないのもアドバンテージでした。

どんどん高くなっていく建物に比例して、私の気持ちもどんどんハイに。あっという間に最上階まで完成すると、今度は内部がどうなっているのかが気になって仕方ありません。私は早速家族を連れて、モデルルーム見学に行きました。物件を案内してくれた担当者によると、その新築物件はデザイナーズマンションで、モデルルームのグレードも高く、見学の予約が殺到しているとのこと。言われてみれば、モデルルームにはたくさんの見学者が詰めかけていました。

ところが、どんなにその物件を気に入ったとしても、購入できるかどうかは抽選で決まります。それに、私は転勤前に購入していたマンションの住宅ローンも抱えていたので、当選したところで購入資金がない状態でした。やっと出会えた理想的な住まいを手に入れたい気持ちと、現実としてのしかかる金銭的な問題を天秤にかけ、迷いに迷いましたが、最後は幼い娘に「住みたい」とせがまれて購入を決意。娘のお願いにはいくらでも頑張ろうと思えてしまう、単純な父親心理なのです。

とはいえ、なんとか資金繰りをしなければならないので、まずはすでに抱えている住宅ローンを完済する必要がありました。もともと所有していたマンションは転勤後に家族が合流してから空き家になったため賃貸に出していましたが、そのときはちょうど賃貸契約を更新しておらず、売却するには絶好のタイミングでした。売り急ぐしかなかったので購入金額よりも下回りましたが、すぐに買い手がついたことで無事に住宅ローンを完済。

今度は新たなマンションの購入資金を銀行に交渉したところ、１００％融資が受けられることになりました。正直、もう少し厳しい条件を想定していたので、奇跡ともいえる展開です。

ものごとがうまくいくときは怖いほどトントン拍子に進むもので、最後に残された最重要事項の「抽選に当たる」も、なんと見事クリア。すべてのハードルを乗り越え、運も味方してくれ、目当てのタワマンを購入することができました。手に入れたのは高層階の眺望の良い部屋で、そんな場所に住めるなんて夢のようでした。そう、一通の封筒が届くまでは……。

運命を変えた一通の手紙

理想の住まいを手にし、夢のように幸せな日々。ある日、そこに暗雲をもたらす一通の封筒が郵便ポストに入れられていました。封を開けてみると、中には「次期管理組合役員就任をお願いします」という旨の手紙が。年に一度の通常総会で役員を選出することは知っていましたが、もしもそこに私が出席して役員として承認されても「ま、なんとかなるだろう」くらいの軽い考えでいました。

迎えた当日。通常総会を終えた後、マンション内の共用会議室で第一回理事会が開催されました。通常総会は別の場所で和やかに開かれていましたが、共用会議室に移動した時点からその場は一気に重々しい雰囲気に。

第一回の議題は新任理事の担当決めです。その場に集められた住人の皆さんはこれまで一度も面識のない人ばかりで、男女問わず、さまざまな年齢の方が参加していました。この中で誰がどの担当になるのか、そして任される仕事内容がどんなものなのか、このときの私は知る由もありません。

理事の担当は5つに分かれており、①会計担当、②防災・防犯担当、③総務・渉外担当、④設備・修繕・駐車場担当、⑤自治・広報担当、そして「監事」がありました。監事の役割は、会計監査と業務監査を担当することです。会計監査では、管理組合の財産管理が適切に行われているかを確認します。また、管理費の収入が正しく計上されているか、支出額が妥当かなどのチェックも担当。業務監査では、管理組合の業務が適切に進行しているか、日常点検や清掃、修繕などが管理規約や総会の決議に従って行われているかを確認する責任の重い役割です。

この期に及んでも楽観的な私は、「どの担当になってもなんとかなるでしょう」と根拠のない自信を持っていました。担当業務はマンションの規模や理事の人数によって多少異なるとは思いますが、基本的にやることはどこも似たようなものだと思います。今にして思えば、過去に住んでいたマンションで理事会の議事録に目を通していれば、各担当の課題などがわかり、もう少し心構えができていたかもしれません。

マンションによって理事の決め方はさまざまな方法がありますが、私のマンションでは役職を抽選で決める方式です。役員は理事が12名、監事が２名で、任期は２年。一年目が副理事、二年目が正理事となる仕組みでした。こうした場面でも私は引きの強さを発揮。抽選の結果、私は副理事長に就任しました。つまり、二年目は自動的に理事長へ昇任するわけです。会社での出世も、こんな風に自動的に昇任するシステムだったらいいのに……。

私が想定外の事態に呆気に取られていると、現職の理事長から「よろしくね」と声をかけられました。運がいいやら悪いやら、現職の理事長はなんと私の担当クライアントで、以前からお世話になっていた方です。広告会社の営業にとって、クライアントの担当者といえばまさに神様的存在。もう逃げ道は残されておらず、腹を括るしかありません。私はその場で、この理事長とともに、まずは副理事長の役職を全うしようと決意したのでした。

管理会社は営利企業だが……

役員を経験するまで、マンションの運営はそこを販売した不動産会社が行っているものだと思い込んでいました。実際には、販売が終わると不動産会社は一切関与しません。「日本を代表する大手不動産会社の物件だから、なにかと任せておけば安心」と信じていたのに、いざマンションの販売が終われば何もしてくれないことにただ驚くばかりでした。テレビＣＭは「〇〇のマンションに住んでいます……」と、あたかもその不動産会社が見守ってくれているかのように作られていましたが、それは私の勝手な思い込みだったようです。広告会社に勤務しているというのに、なんたる失態でしょうか。

ちなみに、マンション販売時に管理費や修繕積立金の額を決めたのは不動産会社でした。

彼らを悪者に仕立て上げる意図はまったくありませんが、不動産会社は管理費や修繕積立金の額をなるべく低く設定することで契約を有利に進めます。その後、実際にマンションを運営する中で、当初低く見積もられていた管理費はどうしても値上げが必要でした。当然、住人に対する説明などはマンション管理組合に任されるわけで、これがなかなか重労働としてのしかかります。

私のマンションには管理会社もついていたので、マンションにかかわる業務のすべてを管理してくれるものだと信じ込んでいました。しかしこれも幻想でした。頼りにしていた管理会社は、契約外の業務については追加料金を払わないかぎり一切対応してくれません。管理会社は営利企業であり、利益を追求するためにマンション管理費の値上げや修繕積立金を使った工事の提案などを、われわれ管理組合に持ちかけてきます。管理会社もビジネスなので仕方ありませんが、味方のような心持ちでいたのにドライな線引きをされると、なかなか心細く、切ないものです。

とにもかくにも、私は管理組合役員としての活動を開始しました。これがのちに「臨時総会の開催を決定し、修繕積立金を当初の3倍にする」という茨の道へと繋がっていくことになるのです。最初の1年はあっという間に過ぎ、当初の取り決めどおり、私はついにタワーマンション管理組合理事長、通称「タワマン理事長」の役割を引き継ぐことになりました。

ネット社会が進展している現代においても、タワーマンションに関する情報はあまり出回っていません。誰かがタワーマンションのトラブル解決法を共有してくれたら、同じようなトラブルで困っている人たちの助けになるかもしれない。その思いから、理事長になったのを機にブログを始めることにしました。「タワマン理事長日記」と題したブログが、本書の基盤となっています。

タワーマンションに住む人々が抱える問題や疑問について、ブログを通じて情報を共有してきました。

同じような境遇の人々と共感し合いながら、タワマン生活をさらに充実させることが、今では私のささやかな目標となったのです。

［第2章］

買う前に知りたかったタワマンの知識

実は曖昧な「タワマン」の定義

タワーマンション、通称「タワマン」は近年都市部を中心に普及した言葉で、高層マンションを指す際によく使われます。芸能人やＩＴ企業の経営者などキラキラした人が住んでいて、家賃がとんでもなく高く、連夜ホームパーティーが開催されていそうなのが「タワマン」のイメージとしてしっくりくる画ではないでしょうか。

実際に、タワマンに明確な法的基準や定義は存在しません。なので、あなたが思い描くタワマンこそがタワマンであり、掴みどころのない存在なのです。多くの人が高層マンションを指して「タワマン」と呼びますが、タワマンはその基準の不明確さゆえに、幅広いバリエーションが存在します。

不動産業界やメディアなどでは、一般的に20階以上のマンションを「タワマン」と称することが多いです。高さ60メートル以上の建物は建築基準法の規定により「超高層建築物」に分類されることがほとんどで、これがマンションでいうところの約20階建てに相当することから、「20階以上の建物＝タワマン」と認識される風潮ができあがりました。「超高層建築物」は建築基準法上の技術的な用語であり、建物の高さや構造に関する規定を指します。

一方で「タワーマンション」は、主に不動産市場や一般消費者の間で使われる通称なので、具体的な高さや階数に関する法的な定義はありません。それゆえに、地域や業界によっては20階未満のマンションでも「タワマン」と呼ぶことがあります。高層ではないものの、設備やデザインの豪華なマンションがその例です。反対に、同じ20階以上のマンションでも、設備や立地、デザインによってはタワマンとして認識されない場合もあります。無論、住居用ではなくオフィスビルや商業施設として使われている建物も、「タワマン」とは呼ばれません。

つまりタワマンは、一定の高さや階数によって定義づけされるわけではなく、設備や立地などの環境的要素が人々の認識に大きな影響を与えています。都市の中心部に位置し、プールやジム、ラウンジなどの共用施設が充実しているマンションならば、その階数にかかわらず「タワマン」として扱われることが多いです。タワーマンションはセキュリティ対策が厳重であることも多く、24時間の監視体制やオートロックシステム、コンシェルジュサービスなども手厚い。こうした要素もタワマンとしての認識に寄与し、その定義はますます曖昧になります。

外から高層マンションを見上げて「1、2、3……」と階数を数え、「これは20階以上だからタワマンだな」などといちいち判定する人はいないでしょう。仮にいたとしてもごく少数なのは確実です。タワマンの定義はこれからも、曖昧なままであるべきなのかもしれません。

建て替えを経験したタワマンはまだない

タワーマンションが日本で広く普及し始めたのは、1990年代から2000年代にかけてです。それ以前にも高層住宅は存在していましたが、現在のような「タワーマンション」としての認識が広がり始めたのは比較的最近のこと。特に都心部での住宅需要の高まりに応じて、大規模なタワマン開発が進められるようになりました。

タワマンが普及し始めてからまだ四半世紀ほどしか経っていないということは、建築されてからの経過年数がまだ浅く、建て替えを経験したタワーマンションは存在していないことになります。一般的に建物の耐用年数は60年から80年程度とされており、タワーマンションのような超高層建築物になると、さらに長期間の耐久性を持たせた設計がなされています。そのため、建て替えが必要な時期に達しているタワーマンションはまだないと考えられるのです。

そもそもですが、タワーマンションの建て替えは非常に困難なプロセスといえます。タワーマンションは規模が大きいため住戸数が多く、建て替えに対する住民全員の同意を得ることが難しいという課題があります。個々のマンションにより規定は異なりますが、建て替えを進めるには大体マンション全体の５分の４以上の住民の同意が必要で、住民の意見が一致しない場合、計画が進まなくなってしまいます。裏を返せば、建て替え計画に全体の５分の１の数の住人が反対していたとしても多数決には逆らえないのですから、これもタワマン暮らしの宿命として受け入れるほかありません。

そして当然ながら、建て替えには巨額の費用がかかります。タワーマンション自体が一般的なマンションよりも建設コストが高いので、建て替え費用も必然的に高額となるのです。それに加えて、建て替え中の住民全員の仮住まいの確保や、周辺環境への配慮も必要になるため、現実問題として計画が進められるケースは非常に少ないと言えます。

多くの課題が伴う建て替え問題。どのような対応がベストなのか、将来的にそれぞれのタワーマンションが決断を迫られる時が訪れるでしょう。

決して他人事ではない管理組合の存在

いきなりカタい話になりますが、マンションの管理組合は、「区分所有法」に基づいて設立されています。マンションの各住戸の所有者は法的に「区分所有者」という扱いで、全員が自動的に管理組合の組合員に加わることになるのです。本人の意思にかかわらず、区分所有者は組合員として、マンション全体の運営や維持管理に対する責任を持ちます。実際は「持たされる」くらいの肌感に近いでしょうか。

区分所有法では、管理組合による総会の開催、規約の策定、財務状況の報告などの法的義務が定められており、同時に、適切な管理運営が行われているかを監督する義務も生じます。管理組合の運営は、区分所有者全員の協力があってこそ成り立つといっても過言ではありません。理事会への参加、総会での意見表明や投票は、マンション全体の運営に直接的な影響を与えるため、所有者の積極的な参加が求められるのです。

管理組合の目的は、共用部分（エントランス、エレベーター、廊下、駐車場など）の維持管理、修繕計画の立案、日常的な清掃やセキュリティ対策の実施、そしてマンションの資産価値を維持・向上するための活動を行うことです。その中には、共用部分の維持管理や修繕に必要な費用の予算を決定し、そのための管理費や修繕積立金を区分所有者から徴収するという重要な任務も含まれます。

管理組合の意思決定は、区分所有者全員が参加する「総会」で行われます。総会で決議されるのは主に、予算の承認、修繕工事の実施、管理会社の選定、規約の改正など、マンションの運営に関する重要事項です。

ここに挙げただけでも決めることが多くて大変だと思うかもしれませんが、ほとんどのマンションでは決議事項の内容によって必要な賛成多数の割合を変えて規定しています。たとえば、普通決議であれば過半数、重要事項の決議は4分の3以上の賛成が必要となるなどです。面倒くさいようですが、管理組合には細かなルールがたくさんあります。

総会で選出された理事によって構成されるのが「理事会」で、日常的な運営や管理業務を担当します。詳しい活動内容は後述しますが、理事会は総会で決定した事項を実行に移し、管理会社と連携して日常の運営を進めるのが主な役目です。

マンションの運営を円滑に行うにあたり、住民の力だけですべてをまかなうには現実的に無理があります。そのため一般的に、外部の管理会社と契約を結ぶケースが一般的です。外部の管理会社は、日常の管理業務（清掃、修繕、会計業務など）を請け負ってくれますが、最終的な責任はあくまで管理組合にあります。したがって、管理組合は管理会社を監督する役目も担い、必要に応じて契約の見直しや変更も行っているのです。

「管理組合は共用部分の維持管理に対する責任を負う」と書きましたが、これには緊急時の対応も含まれます。近年では地震や豪雨などの自然災害による住宅への被害も頻発していますが、タワーマンションの共用部が被災した場合には、管理組合がいち早く状況を把握し、対策を講じなければなりません。

管理組合の理事会メンバーとは？

先ほど「理事会は総会で決定した事項を実行に移し、管理会社と連携して日常の運営を進めるのが主な役目」と説明しました。定期的に会議を開催し、マンションの運営に関する重要な事項を協議・決定するのが理事会の役割です。理事長主導のもと、各理事や監事の意見を取り入れながら、組合員全体の利益を考慮した運営をモットーとして活動します。では、理事会はどのようなメンバーで構成され、各々がどのような役割を担当しているのか解説します。

理事会は管理組合の中から選ばれた代表者たちで構成され、そのメンバーは理事長、副理事長、理事、監事です。

理事会のトップとなるのが「理事長」。読んで字のごとく、長としてマンション全体の運営を指揮します。理事会では議長を務め、会議の進行や重要事項を決定する場面で中心的な役割を果たします。管理組合をまとめるだけでなく、管理会社との連絡や各種調整、総会での住人に対する報告など、対外的な実務も背負います。マンション全体を今後どのように運営していくかの方針を策定したり、緊急時に一線で対応したり、外部との交渉で最終的な決定を行うなど、責任重大な役職です。

続いて、理事長を補佐する役割の「副理事長」は、理事長と協力し、マンションの円滑な運営をサポートします。理事長とともに日常的な運営の管理や、理事長が病気などで不在の場合には代理として引き継ぎ、マンションの運営を任されることもあります。そのため「副」だからといって決して脇役的な存在ではなく、時には理事長の役割を担うこともあります。

理事会のメンバーとして、マンションの運営に関するさまざまな業務を分担して担当するのが「理事」です。たとえば建物の保守管理、財務管理、広報活動など、プロジェクトごとに業務が割り当てられるのが一般的だと思います。理事長や副理事長と連携しながら、理事会で決定したことを具体的な運営に移して実行する役割です。いわばプロジェクトリーダーのような存在で、各理事が担当分野における任務の遂行に責任を持ちます。

「監事」は、理事会の活動内容や財務状況を監査する役割。監事は理事会のメンバーでありながらも、主に監督・チェックの任務を担当するため、ほかの理事たちとは一線を画し、独立した立場で活動します。理事会が適切に運営されているか、財務状況に問題がないかを確認し、もし何か問題が見つかった場合には是正を促します。また、活動をもとに監査報告書を作成し、総会で組合員に報告するのも監事の任務のひとつです。

このように、理事長が運営の中心を担い、副理事長がそれを補佐し、理事たちはそれぞれの分野で任務を分担します。監事は理事会の活動を監督することで健全な運営をサポートする。これが理事会のメンバーとその役割です。

タワマン運営の基本「ヒト、モノ、カネ」は、「管理、修繕、財政」のこと

企業の組織運営に必要な経営資源としてよく使われるフレーズ「ヒト、モノ、カネ」。一度は見聞きしたことがあるのではないでしょうか。マンションを運営する上でも、「ヒト、モノ、カネ」が基本要素に当てはまります。

マンションの運営管理における「ヒト」の要素とは、人々の役割や関与を指します。ここで重要となるのは、管理組合や理事会、管理会社の役割です。管理組合は、マンションの所有者全員が自動的に加入する組織であり、マンションの運営全般を担うと説明しました。また、理事会は管理組合の代表者として運営の実務を行い、理事長、副理事長、理事、監事などの役職を通じて意思決定を行うのも前述のとおりです。さらに、マンションを運営する上では、住民一人ひとりの協力が欠かせません。理事会への参加や、管理費の支払い、規約の遵守など、住民の積極的な関与がマンション全体の運営に大きく影響します。

ヒトが重要となるのはマンション内部だけではありません。共用部の清掃やセキュリティ面、設備の点検をはじめとした日常の管理業務は、外部の管理会社に委託していることが多いです。管理会社はマンションの円滑な運営を支える重要なパートナーであり、ヒトの力が大いに役立っています。当たり前のことすぎて忘れてしまいがちですが、ヒトが住まうマンションは、ヒトの管理によって成り立っているのです。

モノに関連する要素は、マンションの修繕や維持管理に関わる物理的な側面です。建物や設備の劣化を防ぎ、快適で安全な住環境を保つための活動を含みます。タワーマンションのような大規模な建物では、長期的な修繕計画が不可欠。屋根や外壁、配管、エレベーターなど、建物全体の修繕計画を立て、それに基づいて定期的なメンテナンスを行います。時期をずらしながら計画的に進めることで、大規模修繕の際、一気に負担がかかるのを防ぐメリットもあるのです。

そもそも劣化を防ぐためには、共用部分の清掃や小規模な修繕、設備の点検など、日常的なメンテナンスが重要です。日々のケアが建物全体の価値を維持し、長期的な修繕コストを抑えることに繋がります。

カネに関連する要素は、マンションの財政、すなわち管理費や修繕積立金の適切な運用と管理です。財政の健全性が、長期的な運営の安定を支える柱となります。

管理費は、日常の運営費（清掃、警備、設備点検など）に使われます。管理組合は、集めた管理費を適切に運用し、マンション全体の管理が滞りなく行き渡るようにしなければなりません。

長期修繕に備えるために、修繕積立金を計画的に蓄えておくことも重要です。積立金が不足していると、将来的に大規模修繕が必要になった際に、住民に追加の負担がのしかかる可能性があります。そんな事態はなるべく避けるべきなので、あらかじめ余裕をもった金額を設定し、住民全体で負担を分かち合うことが重要です。当然ながら、管理組合は財務状況の透明性を保ち、定期的に収支報告を行う必要があります。住民全員が財政状況を把握し、必要なときに適切な意思決定ができるような状態が、健全なマンション運営を支えます。

このように、タワーマンションの運営における「ヒト、モノ、カネ」は、それぞれ管理、修繕、財政という重要な分野に対応しています。管理組合や理事会、管理会社が適切に機能すること、長期的な修繕計画に基づいた維持管理が行われること、そして財政の健全性が保たれることが、マンション全体の安定的な運営に不可欠となります。これらの要素がバランスよく機能することで、住民が安心して暮らせる環境が維持されるのです。

管理組合の役員は拒否できる？

結論から言えば、もし役員に指名されても、個人の事情や特定の条件に該当する場合は拒否することが可能です。その判断可否や具体的な条件については、マンションの管理規約や法律に基づいて判断されますが、例としてはいくつかのケースが考えられます。

まず、所有者に健康上の理由がある場合です。たとえば持病や高齢、身体的な制約などがあり、役員としての業務を遂行することが難しいと判断されれば、役員への就任を拒否できる可能性があります。また、所有者が極端に多忙な仕事をしていたり、育児や介護など家庭の事情で役員業務に携わることが困難な場合も、役員就任を辞退する理由となり得ます。このあたりは判断が難しいところでもあるので、マンションによって個別に相談が必要です。

管理組合役員としての仕事を遂行するためには、マンションに居住していることが前提となります。たとえば、投資用としてマンションを所有しているだけであって、所有者自身が居住していない場合は、実務的に役員を務めることが難しいため辞退できる可能性があります。

これらの理由以外にも、過去にすでに役員を務めた経験がある場合には、一定期間は役員の指名を拒否する権利が認められる場合もあります。多くのマンションでは役員の交代制を採用しており、同じ人が連続して役員に任命されるのを避ける仕組みが設けられているのです。

もしも実際に役割を指名され、何らかの事情によりそれを拒否する場合には、理事会や総会での調整が必要となります。拒否の理由を説明した上で、他の候補者を推薦するなどの代替案を示すことが求められるケースもあるので条件面に注意が必要です。

役員への就任を拒否できる条件や手続きの方法については、マンションごとの管理規約や細則に明記されているはずです。辞退の方法だけでなく、管理規約には役員選出の方法や任期、役員の責務、退任に関するルールが定められていますので、役員の辞退ルールにかかわらず、規約を確認しておくとあらゆる面で安心できるでしょう。

管理会社はマンションの維持管理当事者ではない

管理会社がついているからと安心しきって痛い目に遭った私から本当に忠告しておきたいのは、管理会社はあくまでも、マンションの管理業務を委託される外部業者だということです。管理会社はマンションの運営・維持管理において具体的な日常業務を担当する立場にありますが、最終的な責任は管理組合が負います。管理会社は、マンション側から委託を受けて業務を遂行する「委託業者」にすぎません。

管理会社に委託される業務には、主に「日常の維持管理業務」、「会計・財務管理」、「住民対応」があります。日常の維持管理業務は、共用部の清掃、エレベーターや給排水設備の点検・保守、セキュリティ管理などです。「会計・財務管理」は、管理費や修繕積立金の徴収・運用、予算の策定や財務報告などを管理組合に代わって実施する業務です。「住民対応」はそのままの意味ですが、住民からの問い合わせ対応、苦情処理、マンション内のトラブル対応なども業務の一環として行います。

繰り返しになりますが、マンションの維持管理における最終的な責任は、あくまで管理組合が負います。管理会社の業務が適切に実行されているかどうかを監督し、必要に応じて改善を要求したり、契約を見直したりする権限を持つのです。マンションの大規模修繕工事計画や重要な設備の更新について、管理会社が提案を行うことがありますが、進めるかどうかの最終的な決定は管理組合が行います。また、管理会社の業務が適切でないと判断されるような場合は、管理組合は管理会社を変更することも可能です。

管理会社は、マンションの運営方針を決定する立場にはありません。マンションの共用部分の所有権も管理会社にはなく、あくまで維持管理の作業を実行する役割を担うのみです。そのことが最初から頭に入っていれば、私が理事の仕事を任された際、現実とのさまざまなギャップに苦しまずに済んだのかなと、今になって考えさせられるばかりです。

マンション管理はまさにローカルルール

星の数ほどあるマンションですが、それぞれにマンションの管理規約や細則が定められています。管理規約は区分所有法に基づいて、マンションの所有者全員が合意の上で策定されたもので、ローカルルールが盛りだくさんの内容です。具体例としては、共用部分の利用方法や、ペットの飼育、修繕積立金の額、騒音規制などが主要なものですが、細かく見ていくとあらゆる決まりが網羅されています。

マンションごとにルールが異なれば、運営方法も異なります。住民の年齢層やライフスタイル、地域の特性などに応じて、管理方針が調整されている場合もあります。管理組合が積極的に運営を行い、住民参加型の活動が活発に行われているマンションもあります。住民が共同でイベントを企画したり、マンションの美化活動を自主的に計画して実行する例もあります。そのようなマンションは、管理組合をはじめ、住民の意識が高くて素晴らしい！　としか言いようがありません。脱帽ものです。

一方で、管理業務をすべて外部の管理会社に任せ、管理組合は最小限の関与に留めるマンションも存在しています。住民同士の関わりが少なくなるというデメリットもありますが、専門家による効率的な運営を期待できるのが最大のメリットといえるでしょう。

マンション管理のルールは、一度決めたら終わりではありません。時代の変化や住民のニーズに合わせて、適宜見直しが必要です。昨今ではテレワークの普及に伴い、共用スペースの利用方法を見直した例や、防犯対策を強化する必要が生じたという例をよく見聞きします。ペットブームやＥＶ（電気自動車）の普及に対応してルールを変更した例もあり、時代の変化によってマンションのルールも変化させる必要があるのです。

それだけでなく、住民の年齢層や家族構成の変化に伴って、マンション運営の優先事項も変わることがあります。高齢化が進むマンションでは共用部分をバリアフリー対応に改修したり、介護サービスに関連したルールの見直しなども必要です。高齢化社会が加速する中で、こうした対応を迫られるマンションは今後どんどん増えていくのではないかと思います。

時間の流れとともに変化するのは、時代や住民構成だけではありません。マンションの建物自体も劣化していきます。長期にわたりマンションを適切に維持管理するためには、修繕計画や費用負担のルールを見直すことも必要です。大規模修繕や設備更新が必要になるタイミングでは、修繕積立金の増額や工事のスケジュール調整を検討しなければなりません。

では、実際にルールを見直す場合、どのような手続きが必要になるのでしょうか。ルール変更には、管理組合の総会で所有者の合意を得なければなりません。管理規約の変更には通常、所有者の４分の３以上の賛成が必要となりますが、多数決以前にそのテーマが重要な事項となれば慎重な議論が求められます。見直しの際には、管理規約や細則を住民全員に周知し、意見を取り入れながら、将来に向けてより良いルール作りを行うことが大切です。

ローンの支払い以外に毎月10万円かかるのがタワマン

タワマンに住まう夢のような暮らしと引き換えに、住宅ローンの返済という現実が容赦なく迫ってくるだけでも大変なのですが、追い討ちをかけるように各種費用がつきまといます。

管理費は、マンション全体の共用部分（エントランス、エレベーター、廊下、共用施設など）の維持管理に使われる費用です。タワーマンションではプールやジム、ラウンジ、ゲストルームなどの豪華な共用施設が備わっていることが多く、それらの維持費用が管理費に反映されて高額になる傾向があります。

24時間対応のセキュリティ体制や、オートロックシステム、防犯カメラの設置など、住民が安心して過ごすための設備が整えられているため、運用コストも高くなるのです。そして、タワマンといえばエントランスに華やかなコンシェルジュがいるところも多くあります。コンシェルジュや管理人、警備員など、人件費も他のマンションに比べると高額に。人件費も管理費に含まれるので、必然的に金額が上がっていきます。

修繕積立金も、管理費と並んで必要になる費用です。将来の大規模修繕に備えて蓄えておく資金であることは前述のとおりですが、タワーマンションは建物の規模が大きいため、修繕費用も高額になります。外壁の修繕や、エレベーター、給排水設備の更新など、建物全体の大規模修繕には多額の費用がかかります。住民みんなで少しずつ積み立てて費用を出し合うにしても、なかなかにパンチが効いた金額です。修繕積立金を適切に蓄えておくことで、将来、修繕を行う際に追加負担を避けることができます。そのために、修繕積立金も比較的高額に設定されるのです。タワーマンションでは修繕積立金が毎月数万円になることも珍しくありません。

クルマを所有する人なら、駐車場代もタワーマンションに住む際の大きな費用のひとつです。とくに都市部にあるタワーマンションでは、駐車場の数が限られていることで争奪戦状態になり、駐車場の利用に高額な費用がかかる場合もあります。駐車場代が月数万円なんてことも珍しくありません。クルマを所有する住民にとっては大きな負担となります。

タワーマンションでは省スペースでより多くのクルマを駐車させるため、機械式駐車場を採用していることが多いです。その維持管理にももちろん費用がかかり、この費用も駐車場代に上乗せされる場合があります。

これらの管理費、修繕積立金、駐車場代を合計すると、タワーマンションに住む場合、毎月の負担が10万円以上になることも珍しくありません。都市部の高級タワーマンションでは、これらの費用が家計を圧迫します。これらの費用を合計すると、ローン返済以外に月々10万円以上の負担が生じる可能性が高いです。タワーマンションによっては、共用施設の利用料や特殊設備の修繕費用など、先に挙げた費用とは別途お金がかかる場合もあります。

タワマンに住む際は、ローンの返済だけでなく、管理費、修繕積立金、駐車場代などの毎月の維持費がかかることをしっかりと把握しておく必要があります。いかにもタワマンの住人らしい、輝かしい生活を維持するには、こうしたランニングコストを含めた総合的な資金計画が重要です。

月々の修繕積立金は安ければいいとは限らない

不朽のマンションさえあれば悩みのタネは消えるのですが、現時点では残念ながら経年劣化するマンションしか存在していません。すなわち定期的な修繕と切っても切れない関係にあるのです。そのために修繕積立金を蓄えていくわけですが、この積立金が不足していると、急な修繕で出費が発生した場合、住民全体に大きな負担がかかる可能性があります。

月々の修繕積立金が安く設定されているマンションも存在します。。修繕の必要がない平時の費用負担は軽減されるため、住人としてはありがたく感じるかもしれませんが、将来的に大きなリスクを伴うことがあります。積立金が十分でないと、いざというときにさまざまな問題が発生するのです。

修繕積立金の額は通常、マンションの長期修繕計画に基づいて設定されます。この計画は、通常10年から20年先を見据えて、どの部分にどの程度の修繕が必要になるかを予測し、積立金を決定するというもの。あくまで予測であるため、定期的に実際の劣化状況などをチェックしながら長期修繕計画を見直し、必要に応じて積立金額の調整が必要です。近年では物価高や人材不足が原因で工事費用が増加している点が問題視されています。こうした修繕費用の変動も考慮に入れると、積立金額の設定は余裕を持った金額に越したことはないのです。

マンションのビッグイベントである大規模修繕や予期せぬ緊急修繕が必要になった際、積立金が不足していると、各住民に対して一時金の徴収をしなければなりません。住民視点で考えると、数千円程度の徴収であれば住民への影響は小さいかもしれませんが、まとまった額になると住民にとって大きな負担になります。住民には住民それぞれの経済状況がありますから、マンションの修繕で急な出費を発生させてしまっては、住民に大きな迷惑をかける可能性があります。

また、しっかりと計画を立てて修繕積立金を徴収していたとしても、マンションの劣化状況によっては修繕時期が早まることも考えられます。業者に定期的な建物の診断を依頼し、修繕のタイミングや範囲を見直すことで、適切な積立金額が算出できれば安心です。

ほかにも金銭的なリスクはあります。修繕積立金が不足しているために修繕措置が遅れてしまうケースです。適切なタイミングで修繕が行われないと、建物の劣化が加速します。その結果、マンション全体の資産価値が下がる可能性も大いにあるのです。資産価値の低下は将来の売却価格にも影響を与えるため、適切なタイミングで然るべき修繕を行うことが重要となります。

修繕積立金は、低額に設定すればよいというものではなく、マンションの長期的な維持管理に必要な資金を確保するため、妥当な金額で設定されるべきです。管理組合は常に長期的な視点を持って、マンション全体の資産価値を守るため、積極的な運営が求められます。

タワマンの寿命と建て替えコストの疑問

タワーマンションは一般的な木造住宅とは異なり、主に鉄筋コンクリート（RC）

や鉄骨鉄筋コンクリート（ＳＲＣ）で建設されています。木造よりも堅牢なつくりであることから、これらの構造物の理論上の耐用年数は約60年から１００年です。長寿命で素晴らしいと感心するばかりですが、これはあくまで理論的な数字であり、適切なメンテナンスや修繕が行われている前提で算出されています。

寿命を左右する重要な要因は、なんといっても定期的なメンテナンスです。適切に管理され、計画的に大規模修繕が実施されているタワーマンションは、１００年以上の寿命を持つ可能性もあります。逆に、メンテナンスが不十分なマンションは、建物の寿命を著しく短縮させる結果となります。

日本でタワーマンションが本格的に建設され始めたのは１９９０年代以降であり、現時点ではまだ築１００年のタワーマンションは存在していません。そのため、タワーマンションの実際の寿命についてはまだ経験的なデータが少ないのが現状です。しかし予測ベースであっても、タワーマンションの建て替えには膨大な費用と複雑なプロセスが伴うと予想されています。タワーマンションの建て替えは、通常のマンションのそれよりもはるかに難易度が高いのです。

理由としては、タワーマンションが大規模な建物であり、住戸数が多いため、建て替えを決定するにあたり所有者の5分の4以上の同意が必要となることが挙げられます。同意を得て決定した上で、工事期間中の住民の仮住まいの手配や、資金調達の問題が山積みとなることもネックでしょう。

タワーマンションの建て替え費用は、マンションの規模や立地、構造によっても異なるため一概には言えないものの、一戸あたり数千万円から数億円規模になる見込みです。建物全体で考えると、総額は数十億円から数百億円に達すると見積もられます。タワーマンションの解体費用だけでも数億円から数十億円が見込まれ、新たに建設する場合の費用も、同じく数十億円から数百億円の規模です。その予算感をベースに、都市部の高層タワーマンションの場合、土地の価値や建築コストが高くなるため、費用がさらに増加します。

建物自体の予算問題をクリアしたとしても、建て替え期間中、住民の仮住まいを確保しなければなりません。この費用も各戸で負担することになり、場合によっては数百万から千万円以上の追加コストがかかることがあります。仮住まいであっても、タワーマンションで暮らしていたところから、あまりにもグレードの低い物件には住み替えられない心情は確実にあるでしょう。

建て替えの難しさとコストを考えると、必ずしも建て替えが唯一の選択肢とは限りません。たとえば、大規模修繕を繰り返して建物の寿命を延ばすこともひとつの方法です。大規模修繕は建て替えよりも費用が抑えられるため、マンションの維持費用を分散させる効果があります。

タワーマンションの寿命は、適切なメンテナンスと修繕が行われていれば１００年以上に延ばせる可能性があります。しかし現実問題、マンションの劣化具合や建て替えをするかどうかは、建物の管理状態や住民の意向に大きく依存します。今後数十年のうちに建て替え問題に直面するタワーマンションが出てくるはずなので、住民の同意や資金調達の問題が気になるところですが、この目で見届けられるかどうかは私自身がその時期まで生きていられるかどうかにかかっています。

毎夜、何者かがこっそり忍び込み大量のチラシを撒く

多くのマンションや住宅地で見られる困った事例として、大量のチラシ問題があります。マンションの敷地内にポストがあっても、毎日夜中になるとこっそり敷地に入り、大量のチラシを撒いていくのです。このような行為は、マンションのセキュリティや住民のプライバシー、ゴミの管理などさまざまな面で悪影響を及ぼします。私のマンションではこうした不正侵入を防ぐために、マンション全体のセキュリティ対策を見直しました。敷地内の入口やエレベーターホール、ポスト周辺に防犯カメラを設置し、深夜の不審者の侵入を監視。防犯カメラが抑止力として機能し侵入行為を防ぐことも期待できます。

不法にチラシを配布している業者への対応も、当然ながら必要です。エントランスやポスト付近に「無断でのチラシ配布を禁止します」と警告文を掲示し、配布業者に対して法的措置を取る可能性があることを明確にします。このような注意書きがある

だけでも抑止効果を期待できます。配布されているチラシの発行元に連絡し、配布停止を要請することも有効な対策です。しつこい場合には、行政や警察への相談も検討します。あまりにもチラシの配布が悪質な場合は、法的措置の検討が必要です。

そもそも、マンションの敷地内への無断侵入は「不法侵入」に該当する行為です。とくに、オートロックなどで外部からの出入りが制限されている場所に侵入した場合は、法的に対処できる可能性があります。地域によっては「迷惑行為防止条例」でこうした行為を取り締まることができるかもしれません。警察に相談した上で、状況に応じた適切な手段をとることも管理組合の仕事のひとつです。

不法行為の問題だけでなく、大量のチラシが配布されるとポストが溢れてゴミが散乱し、物理的な問題にも繋がります。チラシがポストに溜まらないよう、定期的にチラシを回収するルールを設けたり、管理人や清掃スタッフがゴミとなるチラシを迅速に処理することで、マンション内を清潔に保ちます。住民に対してチラシや郵便物の定期的な回収を依頼し、ポストがゴミで溢れないようにする協力をお願いすることも有効だと思います。

こうした問題はマンション全体で対応する必要があり、管理会社や管理組合との連携も大切です。迷惑な業者が根絶されれば、ベストなソリューションといえるのですが……。

逗子市マンション斜面崩落事故の教訓

２０２０年、神奈川県逗子市でマンションの敷地内にある斜面が崩落する事故が発生しました。崩落した土砂に通行人が巻き込まれ、残念ながらお亡くなりになった痛ましい事故です。事故の原因は、斜面の適切な維持管理が行われていなかったことや、降雨による地盤の弱体化が指摘されています。この事故を通じて、管理組合による点検や保守の重要性が再認識されました。

管理組合がマンション共用部の管理や保守を行う責任を負っていることについてはこれまでも述べてきましたが、逗子市の事故のように敷地内で安全対策が十分に行われていなかった場合、管理組合がその責任を問われる可能性があります。不法行為責任として損害賠償請求を受けることもあります。こうしたリスクに備えて管理組合は損害賠償保険に加入することで、万が一の事故が発生した場合でも、保険によって被害者に対する賠償が行えるように準備できるのです。

万が一の事故が起きてしまわないように、建物や敷地内の施設、斜面や擁壁などを含めた地形の定期点検を行い、劣化や危険性がないかを確認しておくことは、管理組合の義務ともいえます。とはいえ地盤や斜面の管理は専門的な知識がないと手出しできず、素人判断での管理には限界があるため、プロフェッショナルの力を借りるべきです。もしも建物や地盤の専門家による指摘で危険箇所が発見された場合は、速やかに対策を講じて危険を取り除く必要があります。そうなる前に最低限、斜面の補強工事や擁壁の修繕、排水設備の整備など、予防措置を講じることが不可欠です。

これまでも修繕管理費の重要性について説明してきましたが、こうした安全対策の面でも修繕管理費がなければ、工事はもちろん点検や調査さえも依頼できなくなります。必要なコストを惜しまず払える体制を整えるためにも、管理組合は予算の適切な確保と修繕計画の立案を行う必要があります。

また、住民に対して、危険箇所の存在や安全対策の実施状況を随時報告し、注意喚起することも管理組合の責任の一部です。定期的に住民向けの説明会や情報提供を行い、危険に対する意識を高めることが事故防止につながります。住民側も、自らの安全に関する情報を正確に把握しておくことが、いざという時に役立ちます。

北朝鮮にも82階建てのタワマンが!?　世界のタワマン事情

世界を見渡すと、特徴的なタワマンが各地で建設されています。アジアの都市部では、高層タワーマンションの存在がポピュラーになっています。香港、シンガポール、上海、東京などの夜景には、高層タワーマンションが象徴的に存在しています。実際、多くのタワーマンションが建設されています。アジアの都市では土地の制約と人口密度の高さを主な理由に、住宅供給手段として高層タワーマンションが選ばれています。

ドバイに代表される中東の都市でも、高層タワーマンションの建設は著しく進められています。ブルジュ・ハリファをはじめとする世界有数の高層ビルが存在するドバイは、タワマンの一大都市として有名です。

北米やヨーロッパもタワマンの需要は依然として高いまま。ニューヨークやロンドンなどでは超高層マンションが建設され続けています。とくにニューヨークでは、マンハッタンを中心に「スーパースリムタワー」と呼ばれる超高層マンションが注目の的です。タワマンのイメージがあまりないかもしれませんが、シドニーやメルボルンなど、オーストラリアの主要都市でも人口増加と都市化に対応するため、タワーマンションが一般に普及しています。

意外に思うかもしれませんが、北朝鮮の首都・平壌にも、82階建てのタワーマンションが存在しています。これは、柳京（リュギョン）通りの開発一環として建設されたもので、平壌の都市化の象徴となっています。2017年に平壌で行われた大規模な都市開発計画の一環で建設されたこのタワーマンションは、北朝鮮における住宅事情の変化を国内外に誇示。柳京通りには、82階建てを含む複数の高層マンションが並び、都市化の進展を示しています。世界中で進化を続けるタワーマンションですが、この先どこまで高層化が進むのでしょうか。

高層ビルの高さには技術的な限界があるものの、技術が日々進歩していることもあり、さらなる超高層化が現実のものとなりつつあります。タワーマンションの高層化は構造工学や建材技術の進歩によって可能となり、鋼鉄や鉄筋コンクリートの耐久性、振動や風に対する抵抗力、エレベーター技術などが鍵となるのです。現在の技術をもってすれば、理論上、１０００メートルを超える超高層ビルの建設も可能とされています。

ただし、技術的に可能であっても、実際に建設できるかどうかは別問題。経済的な要因も大きく影響します。超高層建築にはわれわれが想像さえつかないほど莫大なコストがかかるため、経済的に見合うかどうかが大きな課題となります。コストの問題をクリアできたとしても、マンションを高層化すればするほど、エネルギー効率や住環境の快適さを維持するのが難しくなるという新たな問題も出てきます。

高層ビルは都市の風景を変えますが、それゆえに環境への影響も大きくなります。風の流れが変わったり、日照権の問題が起きたりと、周囲の建物や住民に影響を与える可能性が出てきます。

経済的なハードルや環境への影響といった問題を乗り越え、タワマンの高層化がどの程度進むのか、今後の都市計画や技術進歩にも注目です。

第3章

クレームは全て理事長にやってくる

～理事長出動の記録①～

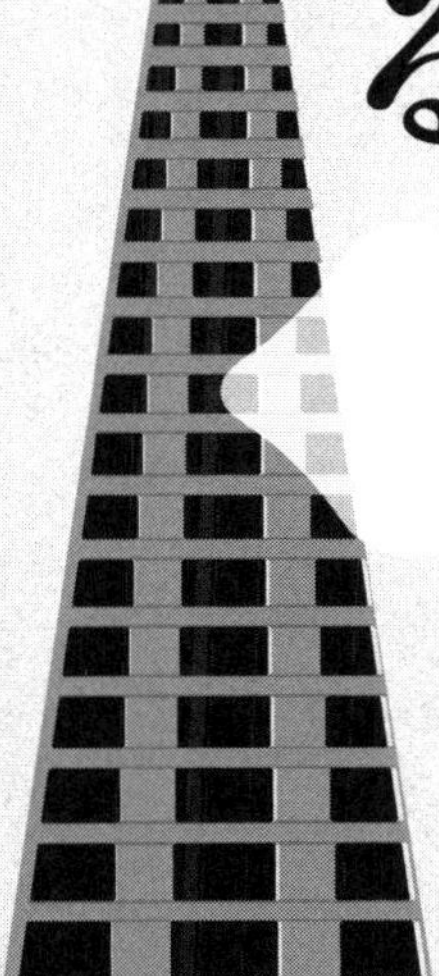

File. 1

隙を突いて多発する不審者侵入事件

鉄壁のセキュリティがウリなはずのタワマンで、頻発する不審者侵入事件。ここは戦国の世か!?　と錯覚するほどに、忍びの者がやってくるのです。タワマンは「最新のセキュリティシステムと管理体制で、安全な居住空間を提供しています」とは謳っているものの、現実はそう簡単ではありません。どんなに対策を打っても完璧な防犯体制は存在せず、毎日のように何かしらのトラブルが発生します。

ある日、我が家に設置された、マンションの管理人室と繋がっているインターフォンがけたたましく鳴りました。「理事長！　今お時間ありますか？」と管理人が慌てた様子で尋ねてきたのです。何事かと話を聞くと、「先ほど住民の方から通報があって発覚したのですが、不審者が侵入しました。防犯カメラの映像を確認したいので、理事長に立ち会っていただきたいのです」とのこと。

私は了承し、大急ぎで管理人室に向かいました。我がマンションでは、防犯カメラの映像を管理人だけで見ることができないルールになっており、何かあるたびに理事長の立ち合いを求めて呼び出されることがこれまでに何度もありました。管理人室に入ると、奥にあるモニターで警備員が映像をチェック中。しばらく時間をかけて、何十台もある防犯カメラの映像を早回しで確認したものの、不審者は見当たりません。私は広告会社で多くのテレビＣＭ制作に立ち会ってきて、この手の映像確認作業には慣れています。しかし、尺が短い広告とは違って、防犯カメラの映像は延々と続く長編の確認作業になるため違和感があり難しかったです。結局、いくら探しても不審者の姿は見つからず、幸いにも被害がなかったため、警察への届け出の提出は見送りました。

防犯カメラにはいくつかの種類があり、それぞれに特徴と特有の用途があります。まず、最も一般的な固定カメラは、特定の視野角を持ち、指定した場所を常時監視します。次に、パン・チルト・ズーム（ＰＴＺ）カメラがあります。これは遠隔操作でカメラの向きやズームを調整でき、広範囲の監視が可能です。ドームカメラは半球状のカバーに覆われており、カメラの向きを外部から見えにくくするため、防犯効果が高いのも大きな利点です。赤外線カメラは夜間でもクリアな映像を提供し、低光環境でも有効な点が強みです。

これらのカメラは全てデジタルビデオレコーダー（ＤＶＲ）やネットワークビデオレコーダー（ＮＶＲ）に接続することで、映像が記録・保存されます。ＤＶＲはアナログカメラ向けに、ＮＶＲはＩＰカメラ向けに使用され、インターネットを通じて遠隔地からも映像を確認できます。さらに最近ではモーションディテクションや顔認識などの高度な技術も取り入れられており、異常が検知された場合は即座にアラートが発信されます。

こうした技術の進歩もあってタワーマンションのセキュリティは大幅に向上していますが、カメラだけでは完全な防犯は難しく、日々の注意が欠かせません。私たちも不審者侵入の問題が発生するたびに新しいカメラへの更新を検討しますが、費用の問題もあって、機械の寿命が来るまではなかなか実行できないのが現状です。

File. 2

悪質！　奇行！　トイレットペーパー事件

「一階のトイレで悪質なイタズラです」と管理人から連絡が入りました。ん？　一階にトイレなんてあったっけ？　と一瞬考えてしまったくらい、そのトイレは目立たない場所にあります。ひょっとすれば、住民でも一階トイレの存在を知らない人がいるかもしれないレベルです。

タワマンには、共用部にトイレを備えているところが多く、基本的には住民と住民を尋ねてきたお客様が利用するためにあります。管理人の話によると、トイレに収納してあった予備のトイレットペーパーが３個、便器の中に投げ込まれていたそうなのです。なんたる奇行！　犯人の目的がまったくわからないし、わかりたくもありません。ですが理事長としては問題に向き合わざるを得ず、調査を開始しました。

トイレを利用できる人は、住民、もしくは住民から許可を受けて玄関のセキュリティを通過した人に限定されます。なので、身内犯行説が浮上しました。子供のイタズラか？　……にしては取り出すのが困難な場所に予備のトイレットペーパーがしまわれていたようで、いくら考えても謎は解けませんでした。

それでも今後の対策を考えなくてはならないので、ふたつの措置を講じました。まずはトイレ清掃の際、予備のトイレットペーパーがあるかどうか確認し、その日時がわかるよう書き込んだ紙をドアに貼り付けること。これにより定期的にチェックしていることをアピールし、抑止力に繋げます。

もうひとつは、防犯カメラの向きをトイレに繋がる通路が映るよう修正すること。タワマン内には複数の防犯カメラが設置されていますが、トイレは場所柄プライバシーの問題があるので、防犯カメラの死角になっています。せめて通路まで映しておけば、犯人の特定がしやすくなると考えての施策でした。

事件は迷宮入りしかけていましたが、後日まさかの犯人が判明。急展開です。管理人から聞いた話では、マンションの出入り業者の男が犯人だったそうなのですが、なぜわかったのかまでは教えてくれませんでした。名探偵、管理人。

File. 3

理事長みずから草をむしれば月７万円の節約

管理会社に管理を依頼している我がマンション。エントランスの床が汚れたらきれいにしてくれるし、ドアが故障したら修理してくれるし、なんでも管理人がやってくれます。

いつもの流れでマンション敷地内の草むしりもお願いしたところ、やってくれませんでした。急にシビアな線引き。ひどい管理会社だと思われるかもしれませんが、管理会社は契約外の仕事はやってくれません。追加の費用を払えばもちろん対応してくれますが、清掃などは基本的に管理会社から外注した業者が行っているので、費用が発生するのです。

ことの発端は、管理人に「理事長、屋上に草が生えていて、何とかしないと将来漏水の原因になりますよ」と言われたことです。それまで屋上になど行ったことがなく、そこに草が生えているなんて想像もしていませんでした。タワマンの屋上には非常用のヘリポートがあり、普段は鍵がかかっている場所で、一般の住民が気軽に近づくことはできない場所です。管理人の案内で初めて屋上に上がってみると、雑草がかなり密集して生えていました。そこでふと、甦ってきた昔の記憶……。

私は電通社会貢献部の活動で富士山の樹海に行き、エコツアーインストラクターをしていたことがあります。そのとき、「なぜ、土のない樹海に植物が生えているのか？」について、「植物の種は風に運ばれて飛んできたり、鳥の排泄物に混じって運ばれたりして移動します。その種が苔などの水分を使って生えてくるのです」と子どもたちに教えていました。それがまさに私の住むタワマンの屋上で起き、目の前に雑草地が広がっていました。

タワマンの屋上にはもちろん土はありませんが、溜まった雨水や、落ち葉や鳥の糞、虫の死骸などが堆積したところに根を生やして、コンクリートの間にどんどん入り込んでいくのです。雑草が生えたコンクリートにはたくさんの亀裂ができ、建物を傷める原因になると聞いて震えました。

そこで管理人にすぐ草むしりをお願いした、というのが冒頭のお断り話に繋がるわけです。

ちなみにタワーマンションの屋上は風が強く、たとえ草むしりであっても作業時には命綱をつけてするそうなので、費用が高くなるとのことでした。

仕方がないので、理事長である私みずから草むしりをすることに。「草が生えるのは春から夏にかけてであって、毎月やる必要はない」と自分に言い聞かせて、ひとり無心で雑草と戦ったのであります。これがまた、ナメてかかったわけではないものの、想像していたよりしんどいもので……。

その後は年何回か他の予算を削り、草むしりも管理会社にお願いしたのは言うまでもありません。

File. 4 電通で鍛えた対応力が活きる理事長DIY

管理人が「修理手配中」の紙をペタリと貼ったまま、なかなか修理が進まない。そんな場所や光景は「マンションあるある」のひとつではないでしょうか。貼り紙を見れば、「ここで修理が鋭意進行中ですよ」と、やってますアピールをしているかのようですが、具体的に何がどう進行しているのか全く見えてきません。そもそも進行しているならば、紙が貼られたままの状態にはならず、実際はかなり対応が遅れているケースがほとんどです。

この遅れの原因は、タワマン内における、ものごとが決定し実行されるまでの複雑なプロセスにあります。マンションのどこかが壊れたり、不具合が起きたりしたとしましょう。はじめに管理組合の修繕委員が問題を把握し、続いて委員から修繕を依頼された管理人が業者を選定。さらに複数の見積もりを取ってから、ようやく発注が行われます。

修繕業者を探すこと自体が大変な作業で、信頼できる業者を見つけるのは、まるで砂漠でオアシスを探すようなものなので、時間がかかるのも無理はありません。これだけの手続きを経ている間「修理手配中」の紙が貼られ続けるわけですが、あまりにも時間がかかりすぎて、問題箇所がさらに悪化する可能性もあります。

面倒な手続きのわりに、実際の修理作業は案外シンプルなことが多いです。ドライバー一本で対応できる水回りの修理や、家庭用の高圧洗浄機で解消できる配管の詰まりなど、少しの手間で解決できる問題も少なくありません。

ではなぜ問題がややこしくなるのかというと、そこにはひとつのカラクリがあります。管理会社は外注業者に修繕を依頼することで利益を得ているため、簡単に済ませられる修理であっても、業者を介する方が望ましいわけです。イージーな修繕ひとつでもビジネスが絡みます。

この状況にフラストレーションを感じる住民も少なくないでしょうが、マンションの管理はビジネスなので仕方ありません。管理会社は仏のスマイルで住民のために一生懸命働きながら、鬼の形相で利益確保のための巧妙な戦略を練っています。管理会社のビジネスモデル自体がそうなっているので、恩恵を賜りたかったら従うしかないのです。

そこで一肌脱いだのが、理事長である私。電通では多忙な業務の中で臨機応変な対応力と判断力、スピード感が要求されます。入社してからひたすらに鍛えられてきました。

その能力をマンション管理にも活かして、業者を待つ時間を無駄にせず私が即座に対応すれば、さまざまなコストを削減できます。初めこそ不慣れでしたが、水周りの修理や配管の詰まり解消など経験を積むうちにスキルが向上。自分で言うのもなんですが、今ではお手のものです。

File. 5 避雷針があるのに、落雷で壁面に穴

理事長としてあらゆるトラブルに対応し続けていると、管理人からの第一声で悪い報告が聞き分けられるようになってきます。「理事長！」。その日も嫌な予感が的中しました。「マンションの壁面に大きな穴が開いているのがわかりました」と、管理人が慌てて駆け寄ってきます。話によれば、たまたま屋上で雨どいの修理作業をしていた業者が発見したらしく、落雷によって開いた穴ではないかとのことでした。え、落雷？　屋上に避雷針が付いているのに？　避雷針より低い場所に雷って落ちるの？　理科に興味を持ち始めた子どものように、次から次へと疑問が湧いてきます。

現場を見ると、壁面には確かに大きな穴が開いていて、穴の周辺には亀裂も見られました。ここ数日で雷が鳴るような天気の日はなかったので、かなり前から穴があった可能性も考えられます。放置による劣化やその他の環境要因によって穴と亀裂が拡

大すると、壁面が崩落する危険性も十分ありました。タワマンの壁面が崩落すると想像しただけでも恐ろしいですが、その壁面の下には、人が通行する歩道が。もし崩れた壁が通行人を直撃するような事態が起きたら、それはもう大惨事です。

いてもたってもいられなくなった私は、歩道にカラーコーンで安全対策をするよう管理人にすぐ指示をしました。壁面自体も放置していると雨水が侵入し、鉄骨に錆が出るなど、建物を傷めて将来の補修費用が膨らむ可能性があります。もちろん人命最優先で措置を取りますが、こんなときでも将来的な補修費用の心配をしなければならないのが理事長の辛いところ。一刻も早く補修したい気持ちを抑えつつ、具体的にどう対応するかは理事会で決議しなければなりません。決議までの間に補修の見積もりを依頼し、損害保険で費用が賄えるか調べるなど、動けるだけ動きました。

スピーディに理事会での決議を経て、急いで管理会社に発注をしましたが、担当者は会社の研修を優先していたらしく連絡が取れないのです。タワマン理事長と管理会社の担当者ではマンションを守ろうとする熱量に温度差がかなりあるのも、悲しいかな「マンションあるある」のひとつかもしれません。

File. 6 「公開空地の木で信号機が見づらい」というクレームに対応

管理組合に寄せられるクレームはマンション内の住民からが大半ですが、マンション外からも来ることが理事長になってみて初めてわかりました。管理人から連絡を受けて話を聞くと、外部から2件のクレームがあったとのこと。うちのマンションには、マンションの建物とそこに面した道路との間に歩道があります。2件のクレームは、歩道に植樹された木に関するものでした。

実はこの歩道、マンションの「公開空地」と呼ばれるものなのです。もともとマンションの敷地だった部分を、誰でも通れるように公開空地として提供したものだと、今回クレームが入って初めて知りました。私はてっきり、道路は役所が管理しているものだと思い込んでいたので、まさに寝耳に水。公開空地を提供すると高い建物が建てられるメリットがある反面、管理責任がマンションの管理組合に課されるのだと今まで知らずにいたのです。

今回入ったクレームのひとつは、「歩道の樹木が根上がりして危険なので直してほしい」という福祉団体からのものでした。根上がりとは、樹木が成長して木の根っこが盛り上がり、段差ができる現象のことだそうです。恥ずかしながら、こうした用語も初めて知りました。根上がりが起こると地面に段差ができ、歩行者がつまずいて危険なのです。

もうひとつのクレームは役所からでした。樹木の葉が道路にはみ出し、信号機の視認性が落ちて危険なので樹木の剪定をするようにとの「行政指導」があったとのこと。クレームといっても名称が行政指導ともなれば種類と重みが違います。

マンションの管理組合が公開空地の管理責任を持つということは、そこで万が一事故が起きた場合には責任を問われるということ。そうなる前にやれるだけの対策を打たねばなりません。管理組合の理事会に諮って対応を決めることにしましたが、この件に対応するための予算は当然なく、臨時の出費になります。出費が痛手ではあるものの、事故が起きるよりははるかにマシ。というより、安全はかけがえのないものです。

対策として、樹木の根上がり工事と剪定作業は別々に行われましたが、工事が終わるまで何事もないことを祈るばかりでした。

根上がりで段差ができた箇所にはしばらくの間カラーコーンを置き、「足元注意」の掲示をして対応。根上がり工事は植樹されている木の根元を掘り起こし、伸びすぎた根を間引く作業を行うのですが、本数がかなり多く、歩道を平らに原状復帰させる必要があったため時間がかかりました。

樹木の剪定については、大胆に枝を伐採。道路にはみ出した部分を伐採したことで、信号機の視認性はバッチリ改善されました。

クレーム対応が一件落着し、ホッと胸をなでおろした私でしたが、ふと頭に浮かぶ「公開空地に樹木がある以上、将来また同じようなことが繰り返されるんじゃないか……？」の念。

そこで、理事会で話し合いの場を設けました。樹木を低木に植え替える、樹木自体を排除するなどの案を検討しましたが、地域一帯に樹木が植えられていることを考慮すると、管理組合が管理しているエリアだけ変更することは不自然だという判断に。結果として、そのまま樹木を維持することになりました。

あまりに見慣れすぎて普段は気にならないマンションの樹木が、私のマンションと同じような状況に陥っているかもしれません。

File. 7 航空障害灯が点かない！法令違反のまま半年放置

タワマンには、一般のマンションではあまりなじみのない「航空障害灯」というものが設置されています。航空障害灯は、地上60メートル以上のビル・鉄塔・煙突・クレーン・風力発電機などの建築物に設置することが航空法で義務付けられているものです。

夜景を見たとき、赤色で点滅する高層ビル群の明かりが見えると思います。あれが航空障害灯です。おそらく、すべてのタワーマンションが航空障害灯の設置対象になっているのではないでしょうか。

タワマン理事長になるまでの私は、高層建築物に航空障害灯が付いていることを漠然と認識しており、「飛行機やヘリコプターがぶつかったら危ないよなぁ」程度にしか気にしていませんでした。

しかし私が理事長になって、航空障害灯がすべて点滅していないことが発覚。しかも管理人は半年前から知っていたらしいのです。何で点滅してないの!? というか、わかってたなら早く言って!? です。

航空障害灯が点滅していないのは法令違反であるばかりか、もし緊急事態が発生して屋上のヘリポートを使用したい場合でも、使えない状態だったことがわかりました。怖い、怖すぎる。ゾッとしました。

至急、修理の依頼を管理人にお願いしたところまではよかったのですが、「最初に航空障害灯を設置した業者が廃業」「電球がいっぺんに切れるのはおかしいので、配線等に問題がある可能性」などの問題が出てきて、なかなか対応がされないまま。私はもう、法令違反が継続している状況に危機感を抱き、いてもたってもいられず、自分の知り合いを通じて調べに来てもらったりもしましたが、それでも原因がわかりません。

そもそも、電球の交換が定期的にされていたかどうかも管理人の回答が曖昧でわかりませんでした。調査をしてもらうにも、やはり予算がないのはいつものこと。専門家を呼ぶと出張費をはじめとした経費が発生するので、私の知り合いに頼んでなるべく費用を抑えながらお願いをしていました。

結局、いろいろと駆け回りましたが、管理人の見つけた業者が電球を交換したら点いたとのことで、あっけなく終了。

この件以来、高層ビルや高層マンションの航空障害灯を気にして見るようになってしまった、理事長病の私です。

File. 8 工事の度に「相見積もり」を取り始めたら……

電通で仕事をしていると、案件を進めるにあたり、毎度いろんなところから相見積もりを取って金額の妥当性を確認します。安く請け負ってくれるかどうかよりも、適正な金額であるか、相場感を知るための作業です。マンション管理組合が発注する工事や設備の交換などは、管理会社からもらった見積もりをもとに、理事会で発注の判断をします。

金額が大きければいくつかの業者から相見積もりを取る運用になっていますが、ふだん電通で相見積もりを取りまくっている私の目には、それも形骸化しているように見えました。

管理会社が出す見積もりは、他社の見積もりと管理会社の見積もりを比較するような内容で、「ん？　相見積もりとは……？」と思わざるを得ないようなものだったのです。そこで導入したのが、「マンション管理士」です。

マンション管理士とは、マンション管理組合のコンサルタントとして運営管理や設備に関する知識などを有する資格者のことです。マンション管理士を導入してからは、彼が紹介してくれる業者の見積もりを取って比較検討することにより効率的な発注ができるようになりました。もちろん、安ければいいわけではないので、見積もりの中身も精査して決めています。

電球ひとつを例にとっても、電球自体の価格で見ればＬＥＤ電球の方が高いですが、白熱球よりも長持ちするのでトータルコストは下がります。

このように、見積もりの内容をひとつひとつ吟味しながら、見積もりの取り方を本来の相見積もりの形式に変えていきました。

反抗的な意図があったわけではありませんが、結果的に管理会社に出す仕事が激減したことは言うまでもありません。

File. 9 居住者の個人情報を業者に流していた管理人

どんなに難解なトラブルが発生した際も姿を現すことのなかった管理会社の役員が、突如としてマンションを訪れました。なにか大変な事態が起きたに違いないことは、訪問された時点で容易に推察できます。

管理会社の役員は、こちらが畏れ多くなるほどの低姿勢で切り出します。

「こちらのマンションの管理人が、居住者の個人情報を業者に流出させていたことが発覚しました。大変申し訳ございません」

なるほど、個人情報の横流しですね、はいはい……なんてスルーできるはずもなく、私はあまりのショックに言葉を失ってしまいました。

後日、管理会社が住民説明会を開いて、ことの経緯を説明。しかし、対策については現在も業者とやりとりをしている最中とのことで不透明な点が多く残りました。なぜ事件が発覚したのかというと、次のような流れです。

管理会社が管理していた書類を管理人が持ち出し、出入りの業者Aに流出させました。その業者Aから管理会社に連絡が入り、「管理人から、居住者の個人情報が記載された書類を受け取った」と言ったそうなのです。謎の自白。もうわけがわかりません。

管理会社側も、業者Aの目的が何なのかはっきりしないため、弁護士を通じて業者Aと交渉中と説明していました。

業者Aが管理人から受け取った情報がたまたま個人情報で、ことの重大さに気づき善意で管理会社に連絡してくれたのか、はたまた悪意を持って何かを要求してきたのかさえも不明。何の目的で管理人が業者Aへ居住者の個人情報を流出させたのか。誤って流出させたのか。それとも故意によるものなのか……。謎ばかりが残る事件でした。

いずれにせよ、住民の安全・安心を守って寄り添う立場の管理人が、住民を裏切って内部情報を外部に流出させたのは事実です。この件は私が理事長を務める任期中に解決されず、次の理事長に引き継がれることとなりました。厄介なしこりを残したまま次の理事長へバトンタッチするのは心苦しかったです。

File. 10 掃除機をかけると「うるさい」相次ぐ隣人トラブル

マンションには、それぞれ個性を持った住民が同じ屋根の下で生活をしています。「同じマンションを選んだ」という点では住民全員の気が合っているはずなのに、隣人トラブルは日常茶飯事で、中には騒音や生活音を巡って深刻なトラブルを抱える住民もいます。

マンションの受付に置かれた投書箱には、日々住民からの意見や要望が投げ込まれています。投函された投書の内容は、定例の理事会で議論をして対応する運用になっていました。

投書の内容例は、「ベランダ越しにタバコの煙が流れてきて迷惑だ」とか、「夜中に洗濯機の振動がうるさくて眠れない」といった困りごとが大半です。理事会ではそのたびにどう対応すべきか議論してきました。ベランダでの喫煙について注意喚起を促す掲示をしたり、洗濯機の深夜利用は自粛し、洗濯機の下に制振ゴムを敷くよう呼びかけたりなどです。

いつものように投書に目を通していると、「掃除機をかけると隣人から『うるさい』と壁を叩かれて困っている」というものがありました。

その住民は掃除機を消音タイプに買い替える対応までしたそうなのですが、壁を叩く行動は止まらないといいます。そこまでの事態になると、理事会が対応できる範囲を超えているのが現状で、住民同士のトラブルに理事会が介入することはできません。住民から「理事長、何とかしてください！」という要望を受けても、どちらも住民であり管理組合員なので、どちらかの肩を持つわけにもいかず、話し合いで解決を図るしかないのです。

今回のケースでは、壁をたたかれて困っていた住人が転居することになってしまいました。力になれず歯がゆさが残りましたが、これればかりは仕方がありません。

騒音トラブルは戸建て住宅に住んでいても起こり得ますし、アパートでも、どこのマンションでもよくある問題です。その中でもタワマンに特別な要素があるとすれば、タワマンを高層建築にするため、建物全体の重量が軽量化されている点だと思います。コンクリートの湿式壁ではなく、石膏ボードを使用した乾式壁が採用されているため、遮音性が低くなってしまうのです。

タワマンは音が伝わりやすい特性を持つことを理解し、住民同士が配慮することで、騒音ストレスを軽減できるかもしれません。

File. 11 新型コロナ緊急事態宣言で、共用部を閉鎖するか否かの大論争

コロナ禍では世界中が混乱し、これまでに直面したことのないさまざまな問題が発生しました。それは私たちが住むタワマンという小さな社会でも同様でした。様々な問題が次々と発生しました。感染予防について神経質な住民もいれば、無頓着な住民もいます。

マンション内でのルールを整備するにしても、たとえば、「エレベーター内ではマスク着用、その上で会話は厳禁」と主張する方もいれば、「エレベーターでの移動は短時間なので対策をしなくて問題ない」という意見もありました。そのあたりは理事会でも意見が分かれ、落としどころを見つけるのがなかなか難しかったです。

タワマンの魅力のひとつとして、共用施設の多さが挙げられます。そこに魅力を感じて購入された住民も少なくないくらいです。

一方、感染予防の観点からは、不特定多数の住民が利用する施設は感染拡大のリスクがあります。感染予防のため、共用施設の消毒・清掃を徹底すべきだとの意見も上がりましたが、実際には飲食店のように利用者ごとに消毒を行うことは難しいという現実もありました。清掃も通常通り行うしかありません。密にならないよう利用者の制限をかけることも難しく、換気の対応程度しかできませんでした。「いっそ、すべての共用施設を閉鎖にしたらどうか」という意見もあり、理事会で議論するも、なかなか判断がつきません。

そんな中、共用施設のスパに対して、行政から指導が入りました。感染予防の観点から使用を中止せよというお達しです。やむなくクローズすると、スパを利用していた住民からは強い抗議を受けました。理事会は行政と住民の板挟みとなり、非常に難しい判断を迫られました。それでも、他の共用施設は閉鎖せず、感染予防の注意喚起を続けながら開放していました。

しかし、２０２０年４月７日、東京都、神奈川県、千葉県、埼玉県、大阪府、兵庫県、福岡県に、新型コロナウイルスに対する緊急事態宣言が日本国内で最初に発令されました。国がこれほどの判断を下している状況で、理事会が独自の対応を取るわけにもいきません。理事会としてはこの日をもって、共用施設の閉鎖を決定しました。マンションの掲示板やエレベーターホール、エレベーター内などに緊急事態につき共用施設の使用中止を告知しました。すると、共用施設の使用中止に反対する投書が多数寄せられました。

「予約していたのに使えないのは困る」、「キッズルームが使えないと子どもの遊び場がなくなってしまう」、「管理費を払っているんだから使わせてほしい」など、住民それぞれに主張したい理由があり、共用施設の使用許可を求めていました。中には、医者だと名乗る住民からの投書で「新型コロナ感染に過剰な対応を取るべきではない」という意見も。

緊急事態宣言が解除されるまで共用施設は使用中止にしましたが、その間もずっと投書は続きました。百人百色の考え方をもつ住民と、不測の事態に奔走する理事会。あの大変だった日々は、忘れられない思い出です。

File.12 タワマン史上初「リモート理事会」を開催

新型コロナの感染拡大が社会問題になっている最中、理事会には「勤めている会社の指示で、5人以上の会合出席を禁止されている。当面は理事会に出席できません」と申し出るメンバーが出てきました。私も、電通がリモートワーク推奨に移行していたので、自宅で仕事をする日が増加していた頃です。

理事会は過半数の出席がないと何も決められなくなります。それではさまざまな問題が滞ってしまうので、私は理事会のリモート開催を提案しました。

ところが、理事の中にはパソコンを持っていない人もいて、リモート開催にすると参加できない理事が出てくるのです。さらに、「マンションの管理規約に理事会のリモート開催について記載がないから行えないのではないか」との意見も投げかけられました。完全に盲点。まさに大混乱です。そこで、リモートでの参加希望者はオンラインで参加。リモートで参加できない方は会議室に来て、リアルに参加するという「ハイブリッド型リモート理事会」のタワマン史上初開催を決めました。

開催を決めるにあたってはマンション管理士の助言も受けながら、ひとつひとつの規定上の問題をクリア。いざ実施する段になると、リモート会議ツールとしてＺｏｏｍやＴｅａｍｓのどちらを使用するのか？　会議室のプロジェクターとスクリーンはどう手配するのか？　収音マイクは？……など、さまざまな問題が出てきたものの、幸いなことに管理会社の機材を貸してもらえて無事に開催できました。

管理会社の手助けがなければすべての機材を購入して実施しなければならなかったと思うと、そもそも開催自体が危ぶまれていたと思います。管理会社とのトラブルもありましたが、このときばかりは心から感謝したのでした。

File. 13 情報をネットで探すも見つからない……理事長ひとり勉強の日々

現在のネット社会では、たいていの情報はネット検索でヒットします。検索すれば知りたい情報に簡単にリーチできる今の生活を続けていると、思考力が弱ってしまいそうで少し怖ささえ感じるくらいです。

タワマン理事長になって以来、クレームもトラブルも毎日のように押し寄せます。そのたびに、まずは解決法をネットで探すのですが、これがまたヒットしないのなんの。タワマン理事会に関する情報は全然出てきません。検索で情報を得て、かゆいところに手が届いたときの気持ちよさがたまらないのに、かゆいところがずっとかゆいまま、むしろかゆい箇所が増えて、フラストレーションがどんどん貯まっていくのです。相談する相手もおらず、ひとり奮闘する毎日。

私は日頃から記憶は記録として残すようにしています。記憶はいつしか消えてしまい、せっかく苦労して集めた情報や経験も消えてしまうからです。ブログに毎日書き残したことで本書も刊行できましたが、タワマン理事会の情報がなぜこんなに出回っていないのか、いまだに不思議でなりません。

［第4章］

臨時総会開催を決意！修繕積立金を3倍へ

一度も値上げせずにきた歴代の理事会役員

タワマンの大規模修繕は、建物の長寿命化と住環境の維持・向上を目的としています。人間もより健康で長生きするために、健康診断を受けたり、病気やケガをしたら治療したりしますよね。高層建築であるタワマンは特に、建物の劣化を防ぎ、安全性を確保するための定期的なメンテナンスが欠かせません。タワマンの大規模修繕は、通常10年から15年ごとに実施されるのが一般的です。建物の劣化度合いに応じて、以下のようなスケジュールで進められます。

①調査・診断：まずは建物の現状をしっかり調査し、修繕が必要な箇所を特定します。
②修繕計画の策定：調査結果を基に修繕計画を立て、修繕内容やスケジュールを決定します。
③工事業者の選定：修繕工事を行う業者を選定し、契約を結びます。

④住民説明会：修繕計画について住民に説明し、理解と協力を求めます。
⑤工事の実施：計画に基づいて修繕工事を実施します。
⑥完成・引き渡し：修繕工事が完了し、建物のチェックを行い、引き渡しを行います。

大規模修繕にかかる費用は、タワマンの規模や修繕内容によって大きく変わります。一括りに「大規模修繕」といっても、「これくらいの修繕で〝大規模〟だなんて大袈裟だなぁ」レベルに収まる場合もあれば、大大大規模レベルになることもありますし、同じマンションでも大規模修繕のたびに露呈する問題が変わるものです。第２章でも説明しましたが、大規模修繕にかかる費用は一般的に、「修繕積立金」として月々の管理費に加えて積み立てられています。見積もりと修繕積立金を照らし合わせて不足が発生する場合は追加徴収が必要になるため、住民全体で費用を分担し、計画的に修繕を進めることが重要です。

私が理事長になる前の期に、我がタワマンは大規模修繕が終了し、引き渡しがありました。引き渡しが終わると、当然ながら工事代金を支払わねばなりません。その打撃を受けてマンションの財政は一気に悪化しました。修繕積立金があるはずなのにどうして？　と疑問に思いますよね。何を隠そう、我がタワマンの歴代理事会が修繕積立金の値上げを先送りし続けて、見直しをしてこなかったツケが回ってきたのです。

第2章で説明した通り、不動産会社は一般的に、新築販売時に修繕積立金や管理費を低く設定する傾向があります。少しでも安く販売したい思惑を価格に反映するためには、修繕積立金や管理費を低く設定するくらいしか削れるところがありません。その上でマンションを販売した後に、管理組合主導で見直しを行い、一定割合の値上げ実行を推奨していました。

しかし、いざ修繕積立金の値上げを実行しようとしても一筋縄ではいきません。値上げに反対する住民の声も多くあり、そうすると理事会は先送りせざるを得ない状況に追い込まれます。実際に、大規模修繕で業者に見積もりを取るとそれまでに確保していた修繕積立金では足りず、優先度の低い修繕を先送りしてなんとか運営していたのです。

理事長に就任した私は、今後30年の長期修繕計画をコンサルに依頼して算出してもらいました。そして結果に衝撃を受けました。コンサル曰く、このままでは将来的に我がタワマンの財政が赤字になるというのです。

このままではマンションの将来が危ないと考えた私は、緊急総会を開催し、修繕積立金の大幅な値上げを実行することを固く決意しました。さっそく理事会に共有すると、理事会にも値上げの必要性には理解を示してもらえたものの、値上げの金額については人によって温度差があり、なかなかまとまりません。理事会のメンバーも一住民なので、理事会としてやらねばならないと頭では理解しつつも、住民目線で出費を大きくしたくない心情とのせめぎ合いがあったのでしょう。

費用面での課題や住民間の意見の違いは、最初からわかりきっていた想定内のことです。無理を承知で果敢に取り組み、住民の協力を得ようとしているのですから、理事会のリーダーシップが欠かせません。

電通社員でありタワマン理事長である私は、徹底的な情報収集力と効果的なコミュニケーション術を駆使して、修繕積立金の値上げ問題解決に邁進していくことになりました。

30年後の財務分析の結果、修繕積立金が不足

管理組合ではマンションの長期修繕計画に関してコンサル会社を選定し、長期修繕費用の概算と長期修繕終了後の財務分析を依頼していました。いくつかの前提条件はあるものの、現在の修繕積立金を値上げせずにいた場合、財政は確実に赤字に転落するとのことでした。

修繕積立金が不足する部分は、一時金としてその都度管理組合員から徴収するか、借入金で賄うしかありません。一時金として徴収する場合、管理組合員である住民からの支払いが滞ると修繕自体が実行できなくなります。そうなるとマンションの資産価値は当然落ちていく一方で、売却しようとしても買い手がつかない可能性も。

現実を直視できなかった私は、何度も何度もコンサル会社にシミュレーションを依頼しました。その結果、もっと直視したくない現実を知らされることになったのです。コンサル会社の試算では、単なる修繕積立金の値上げでは済まないということがわか

りました。

え？　その問題だけですでに胃に穴が開きそうなほど悩んでいるのに？

今後30年を想定し、マンションの財政が赤字にならないためには、現在の修繕積立金を３倍に値上げする必要があるというのです。目眩がしました。しかもこの「３倍」という数字、もし仮に歴代の理事会が修繕積立金を毎年見直し（値上げ）していたら、現在は３倍程度まで上がっていたはずだそうで、過去に段階的な値上げをしてこなかった分、一気に値上げしなければならない状況だというのです。

歴代の理事会を恨みたい気持ちをグッとこらえつつ、値上げに立ち向かう決意をより強くしました。

修繕積立金の値上げについては慎重な意見があるものの、中途半端な値上げでは、将来的に再び大幅な値上げが必要になります。その第一歩として、「修繕積立金の値上げ提案に向けた臨時総会」の開催について、理事会の承認を得ました。

コロナ禍で一度にまとめて説明会が実施できない

臨時総会を開催するにあたり、その理由や背景について、管理組合員である住民に対して事前の説明会を行う必要がありました。会社組織でも似たものがありますが、稟議を上げるにはそれなりのステップを踏まねばならず、ひとつひとつのステップこそが結果の明暗を分けるといっても過言ではありません。説明会には全組合員が参加し、説明を聞いた上で質疑をしてもらいます。忌憚のない意見を投げかけてもらい、議論することで、皆が納得できるような落としどころを模索していくわけです。

しかしながら、タイミングは最悪。このとき、世の中はコロナ禍でいわゆる「3密（密閉・密集・密接）」を避けることが推奨されていた時期です。全組合員を一堂に会して説明ができれば説明会の開催を一度で済ませられるのですが、それだと人が密集し感染拡大のリスクがあるため実施できません。そこで、マンションの住民を5つのブロックに分けて、少人数で説明会を複数回実施することにしました。さらに、都合が悪いなどの理由でそのブロック説明会に参加できない住民のために別途１回開催することを決め、合計６回の説明会実施を決定。場所はマンションの共用施設を使い、土日の２日間をまるまる使って説明会を行うことに。参加者にはマスク着用をお願いし、会場の消毒も説明会実施ごとに徹底、換気にも十分注意しました。説明会を開くだけでも労力を使うのに、ウイルスにも気を使わなければならずかなり神経を使いました。

説明会そのものだけでなく、全戸に説明会開催の案内状を投函したり、掲示板やエレベーター内に案内を掲示したりと、告知活動にも注力しました。ＰＲの手法はコンタクトポイントとなるあらゆる場所に、目につく手法で情報を露出する必要があります。管理人に頼んで、館内のアナウンスもしてもらいました。

修繕積立金の値上げは当然、住民の一大関心事です。コロナ禍の影響で説明会の開催を十分に周知できなければ、「修繕積立金の値上げを知らなかった」という声が上がる可能性もあったでしょう。それだけでなく、臨時総会当日に質疑応答で時間を取られることも想定されました。説明会を６回実施することは、気力・体力ともに削られる仕事でしたが、少人数制で住民に丁寧な説明ができ、結果的にはよかったのではないかと、今では思っています。

「老い先短いから値上げしないで」高齢住人の懇願

説明会はマンションの共用会議室に椅子を配置し、住民が密にならないよう間隔を空けて座ってもらいました。ブロックによって多少のばらつきはあったものの、各回ともたくさんの組合員が出席。積極的な姿勢に感謝をおぼえたものです。説明会には管理組合理事をはじめ、管理会社の社員も同席してもらいましたが、本題の説明と質疑応答に関しては理事長の私が行いました。同じような質問が繰り返され、毎回同じように回答する。これが6回も繰り返されると回を追うごとに説明が上手くなり、自分でも感心するほどの成長ぶりでした。組合員から投げられた質問に最初は言葉を選びながら答えていましたが、何度も説明会をしていくともう立板に水。その反面、マスクを着用しながらのやりとりで声を張り上げ続けると喉を痛めてしまって、後半はしんどかったです。

説明会では組合員からさまざまな意見が寄せられました。ある高齢の女性からは「私はもう老い先短いから、値上げをしないでほしい」と懇願され、答えに窮する場面も。次の大規模修繕を行うまでには十年近く時間がありますし、修繕積立金の値上げに協力したとしてもその恩恵を受けられない可能性があることを懸念したのでしょう。もちろん、言いたいことはわかります。私も同じ立場になれば、同じ質問を投げかけるかもしれません。そうした思いが瞬時に頭の中を巡り、なんと答えればいいものか言葉に詰まりました。

その他にも「値上げは仕方ないかもしれませんが、いくらなんでも3倍は異常ですよ。2倍じゃダメなんですか？」など、さまざまな質問や意見が飛び交いました。「2倍じゃダメなんですか？」と聞いたときは、昔有名になった「2位じゃダメなんですか？」のフレーズがフラッシュバック。一気に、責められているような気分になりました。

「どうしてこれまでの理事会は修繕積立金の値上げをしてこなかったんでしょう

か？」という質問を受けたときは、非常に耳が痛かったです。「私も知りたいくらいです！」と言い返したいくらいでした。私も管理組合の役員になるまで無関心だったため、残念ながら、過去の経緯を語れる人は管理人も含めて一人もいません。過去の理事会を責めるつもりはありませんが、彼らが見直しをしてこなかったおかげで、今回の大幅な値上げに踏み切らざるを得なくなったのです。

ぽつぽつ恨み言をこぼしながらも無事に説明会を終え、臨時総会の前の大きなハードルはなんとかクリアすることができました。

臨時総会直前に発覚した管理会社の不手際

「申し訳ありません」から始まる連絡が、ハッピーな内容だったためしなど人生で一度もありません。臨時総会の開催直前に、管理会社の社員から連絡がありました。「理事長、申し訳ありません」。通話開始3秒で、察しました。

内心ビクビクしながら報告を聞きました。聞く以外の選択肢があれば選びたいですが、それがないので突き進むほかありません。管理会社の社員は続けます。「管理組合の臨時総会会場を誤った日時で申し込んでいたことが発覚しました。申し訳ありません。それで、再度正しい日時で申し込みをし直したのですが、すでに会場が埋まっておりまして……申し訳ありません」。いやいや、申し訳ありませんじゃありませんよ！　と叫びたい事態です。

臨時総会の会場は、毎年の通常総会で使用している、マンション外にある集会場。なんといっても無料で使用できるメリットが大きく、いつもそこを借りています。事前説明会は密にならないよう数回に分けて開催したためマンション内の共用施設で済んだのですが、臨時総会は一度きりの開催となり、キャパの大きい会場をマンション外で借りるしかありません。管理会社のミスには正直困惑しましたが、困惑していても問題は解決しないので、次の手を悩んだ末にある作戦を思いつきました。

臨時総会では、マンションの修繕積立金を3倍に値上げする議案の採決を行います。議案は組合員総数と議決権総数の4分の3以上の賛成があれば可決するのですが、これはリアルでの参加ではなくても認められています。たとえば企業の株主総会を考えてみると、総会の会場に足を運んでリアルに参加する株主はそう多くありませんよね。ですが、事前に郵便やインターネットで議決権を行使する人や、委任状で議決権を行使する人が多くいるため株主総会が成立しています。

これはマンションの管理組合総会も同様です。選挙の期日前投票のように、マンションの受付スペースに投票箱を設置して議決権を行使することができるようにしました。また、委任状による議決権行使も可能としました。今回は議案がひとつしかなく、会場を設けたところですぐに総会が終わること、コロナ禍で3密を避けることなどを理由として、「管理組合では臨時総会にリアルで出席していただくよりも、事前にマンション内の投票箱を用いた議決権行使あるいは委任状による議決権行使を推奨します」という旨の告知を始めました。

居住していない所有者からも集めた「特別決議4分の3」

通常総会にかけられる議案は、全組合員のうち過半数の賛成で可決されます。しかし「修繕積立金を3倍に値上げする」という今回の臨時総会議案は特別決議に該当し、4分の3以上の賛成が必要です。なんだか国会の仕組みについて学んだ中学時代の公民の授業を思い出します。

それまで臨時総会の開催にこぎつけようと夢中で、まったく気にしていなかったのですが、臨時総会が近づくにつれてふと心配ごとが出てきました。特別決議自体がそう頻繁に行われることではないうえに、議案が「修繕積立金の値上げ」というネガティブな内容の場合、投票にどんな影響が出るのか不安になったのです。軽く調べてみただけでも、否決された事例がいくつも出てきました。不安の度合いが急上昇。

議案は一度否決されてしまうと、同様の議案で可決されることが難しくなる傾向にあります。議案が通らず修繕積立金の値上げができなければ、管理組合の運営が行き詰まる可能性があります。それでは困ります。とんでもなく困ります。

一体なぜ、特別決議の議案は否決されることが多いのでしょうか。ひとつ挙げられる問題が、非居住の管理組合員の動向です。管理組合が物件の所有者によって構成されていることは、第2章で説明しました。「非居住の管理組合員」の例は、投資目的で購入され空き家になっているケースや、所有者本人ではなく、その親や子どもなどの家族が住んでいるケース、賃貸で所有者とはまったく関係ない人が住んでいるケースなど、さまざまです。

非居住者は総会への出席や議決権の行使をしない場合が多いとされています。さらに投資が目的でタワマンを所有している場合、修繕積立金や管理費などはコストと見なされ、反対する可能性も懸念されます。

今回は特別決議であり、非居住者にも議決権を行使してもらうためコンタクトを取りたいと考えたのですが、管理人に確認しても所有者の変更等の届け出がされていない場合、把握が難しいとのことでした。所有者が転居している場合も転居先の把握は困難を極めます。

私は、なんとかできる限りの手を尽くして非居住者の実住所を把握し、郵送による議案書の送付と手紙での協力要請を行いました。マンションの将来的な資産価値を下げないためにも、修繕積立金が赤字にならないように、協力を要請したのです。

最後まで予断を許さない……臨時総会の結果

臨時総会が近づくにつれ、私の胃の痛みも増していきました。我がタワマンの住民、すなわち管理組合員のキャラクターは実に個性豊かです。中には、最近ここを購入して管理組合員になった人、会社を定年退職して年金暮らしの人、パートナーが亡くなって一人暮らしをされている人もいます。そうした住民たちがどちらの意思表示をするのかを考えると、当日まで答えはわからないにもかかわらず、どんどん不安になっていきました。

選挙と同じように投票率を少しでも上げられるよう、私は組合員に対して呼びかけを続けました。エレベーターホールやエレベーター内には、議決権の行使や委任状の提出を呼びかけるポスターを掲示。館内放送でも投票を呼び掛け、手を尽くしました。臨時総会は結局、事前説明会を実施した会場と同じく、マンション内の共用施設で開催。呼びかけが功を奏したのか、当日、リアルで出席する人は少数でした。

臨時総会には長期修繕計画のシミュレーションを担当したコンサル会社の担当者にも出席してもらい、組合員への説明をお願いしました。事前説明会では「なぜ今、大幅な値上げが必要なのか」についてできる限り丁寧に説明をし、出席者の理解を得られた手応えがありましたが、事前説明会への出席が叶わず、臨時総会の当日に初めて説明を聞くという組合員もちらほら。その方々からの質問も受け付け、その場で回答をしつつ、修繕積立金の見直しを5年ごとに行うことも約束しました。

コンサルが算出した長期修繕計画のシミュレーションはあくまで、現在の物価水準がベースになっています。将来、インフレで物価が高騰したり、エネルギー価格が高騰したりした場合は、情勢に合わせて見直しをしなければ、マンションの財政が再び赤字になる可能性があることも説明しました。

あれほど気が重かった臨時総会も、開催してしまえば混乱もなく、あっという間に終了。リアルでの参加者は少なかったですが、事前に投票箱に入れられた議決権行使書および委任状があったので、組合員の過半数が参加していることになり、総会自体は成立が認められました。肝心な議案の可決基準である「4分の3以上の賛成」は、まさにギリギリ。慎重に集計作業を行って、辛うじて成立ラインを超え、修繕積立金の値上げが正式に決定したのでした。

修繕積立金が不足したら？　迫られる究極の二択

臨時総会で無事に可決された「修繕積立金の値上げ」。もし否決されていたら、修繕積立金は据え置きのままで、今後もしばらくは値上げされなかったでしょう。来年の理事会で諮り、再度採決することも可能ではありますが、まったく同じ内容では否決される可能性があります。

たとえば議案の値上げ幅を3倍から2倍に縮小したとしても、将来赤字になる可能性は消せませんし、値上げは早ければ早いほど上げ幅を抑えられるのです。値上げ自体が可決されない、もしくは理事会が値上げの努力を怠れば数年後にこのマンションの財政は赤字化し、その時理事会に与えられる選択肢は二つになります。

ひとつは、修繕費用を含めた運営費を銀行から借り入れることです。マンション管理組合向けの融資制度があるので、これを利用すれば一旦は資金難を凌げます。しかしもちろん、借りたら返さなければなりません。いずれ必ず集金が必要となります。

もうひとつの選択肢は、資金が足りなくなるたびに、一時金として集金する方法です。この方法であれば、ランニングで積立をしなくて済みます。デメリットとしては、たとえば5000万円の工事費を100世帯で負担し集金するとなった場合、一世帯当たり50万円の集金が必要となります。全世帯から漏れなく集金できれば問題ないのですが、一世帯でも未収金が発生すると工事そのものが実行できない事態に陥ってしまいます。

こうした究極の選択を迫られる未来を恐れた私は、将来に備えてコツコツと修繕積立金を毎月積み立てる方法を選択するため、臨時総会の開催に至りました。

「宝永地震」と「宝永噴火」から今後の天災被害を考える

「宝永地震」とは、江戸時代に南海トラフで起きた大地震です。地震に伴い津波が発生し、甚大な被害が出ました。「宝永噴火」は宝永地震後に発生した富士山の大噴火で、富士山が噴火した最後の記録となっています。南海トラフ地震や富士山の噴火は、いずれも近い将来発生するのではないかと予測されています。住宅の中で命を守るには、救助が到着するまで少なくとも数日持ちこたえられるだけの、頑丈な建物でなければなりません。

条件にもよりますが、タワーマンションは一定の条件下で、安全性が高い建物と考えられます。自家発電設備や災害備蓄の揃ったタワマンは、たとえそれぞれの居室が壊れても共用施設に避難することが可能で、いざというときの避難所にもなります。ここまでタワマンのデメリットを多く取り上げましたが、家を選ぶ際に災害対策を重要視するのであれば、タワーマンションという選択肢は断然アリです。さらに修繕積立金さえきちんと積まれていれば、安心して住める環境が整っています。

［第5章］

タワマンのトラブル集 何でこうなるの?

～理事長出動の記録②～

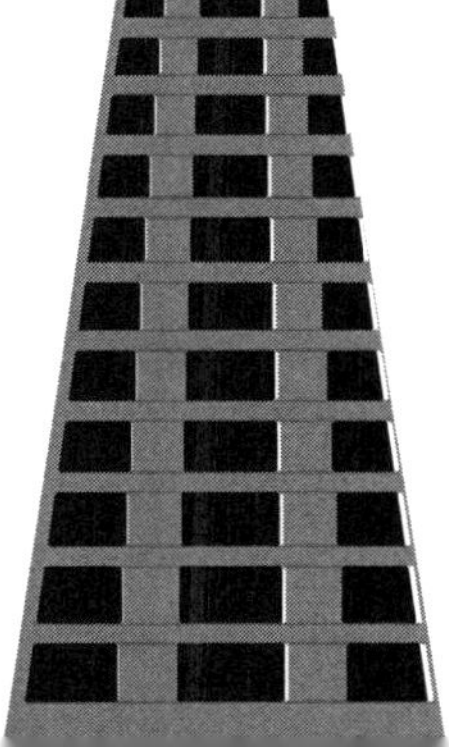

File. 14

理事会議事録を回覧板で回したら1カ月の「情報格差」発生

マンション管理組合の定例理事会は毎月開催され、その内容は議事録として住民に回覧されていました。

理事長になるまで実態を知らなかったのですが、回覧板が回されるスピードは想像以上に遅く、最初に回覧板を見た人と最後に回覧板を見た人では1カ月ほどのタイムラグがあるとわかりました。これでは、大きな情報格差が発生してしまいます。決して悪意を持って遅延させているわけではなく、回ってきた回覧板を次の日に回したとしても、10軒あれば10日間のタイムラグが発生します。しかも旅行や出張で不在の家庭があれば、その分タイムラグはさらに延びてしまいます。

なんとかこの情報格差を解決しなければ……。そんな思いから、理事会の広報委員に閲覧サイトを作ってもらうよう打診し、回覧板の電子化に向けて動き出しました。

私も広報委員と打ち合わせに同席して検討していくことに。噂では、あるマンションでホームページ制作の得意な人が管理組合の理事になり、独自のホームページを開設したと聞きました。

そのホームページに議事録なども掲載し内容を充実させていたそうで、とてもいいアイデアだと思ったのですが、その理事が転居してしまってからはまったく更新されなくなってしまったそうです。

せっかく素晴らしいものができても、このように属人的な運用では、継続的な管理が難しいと感じました。

調べてみると、マンションの管理組合用に電子回覧板やホームページ作成などのサービスを提供している企業がたくさん見つかりました。検討してはみたものの、こうしたサービスは利用料がそれなりにかかるので、ランニングコストを考えて見送ることに。

いい手がないものかと探しているうちに、我がマンションが一括で加入しているプロバイダーのサービスなら、利用料無料でマンションの閲覧サイトを作成できることがわかりました。灯台下暗しです。早速この業者との交渉を行い、理事会で導入を決定しました。

こうしてマンションの閲覧サイトにログインすると、マンション内のお知らせや理事会の議事録を見ることができ、アーカイブも見ることが可能になったのです。情報のラグ問題は無事解決しました。ただし、高齢者やネットを見ない人向けに紙ベースの回覧板も継続して使っています。

File. 15 倉庫に保管されていた過去議事録も、電子化で検索しやすく

理事長になって痛感したのが、マンションの「デジタル化の遅れ」です。あるとき過去の議事録の内容で調べたいことがあり、管理人に問い合わせたところ、鍵を渡されました。物理的な鍵です。それは過去の議事録が格納されている戸棚の鍵でした。なんだかＲＰＧのようです。

戸棚を開けてみると、ファイリングされた紙の束がギッシリ。背表紙には「第○期議事録」と書かれた書類がすべて紙ベースで収納されていました。目の前に広がる光景を見て、「この膨大な紙の束から必要な書類を探し出すのは無理だ。いや、無理ではないかもしれないけど相当な覚悟が要る」と思い、探すのを諦めたのです。

このごろはどの企業でも、検索すれば過去資料をすぐ取り出せたり、必要な書類だけを倉庫から取り寄せられたりできる時代になっています。マンション管理のＤＸ化

も、大手の管理会社では始まっているかもしれませんが、そうではないマンションでは管理組合が対策を考えなければならないのです。

ちなみに、管理人が使用しているパソコンもかなり古いもので、使っているソフトさえもバージョンが古く、もうメーカー保証が切れたものでした。さらにパソコンの調子が悪い日が増えているとのことでした。よく言えば物持ちがいいのですが、セキュリティ対策の観点からも住民の個人情報を扱っているフロントのパソコンが旧式の処理速度の遅いものでは心もとないのです。そのため、マンションのフロントで使用しているパソコンも最新のものに変えることにしました。

最近ではマンション内にデジタルサイネージを導入する例も増えているため、各種デジタル化は管理組合で是非検討して欲しいトピックだと思います。

File.16 マンション管理士と契約し、管理会社の言いなりにならない

私が理事長になってなによりも戸惑ったのが、わからないことが多すぎるということでした。普段の生活で、わからないことは人に聞いたり、ネットで調べたりすれば自己解決できるのですが、タワーマンションに関してはそれで解決できないことが多すぎます。そこで、すでに述べた「マンション管理士の導入」の経緯についても触れておきます。

予想していたことではありますが、マンション管理士の契約提案には「管理会社の管理人がいるのにマンション管理士とまで契約する必要はない」と反対する人も出てきました。しかし、これまで管理会社任せにしてきたせいで言いなりになっていた部分を、マンション管理士がチェックすることでコストを抑え、無駄な作業にお金をかけず、発注先の選択肢を多様化できるなど、メリットは大きいのです。

マンション管理士の選定は公募で実施しました。私も個人的なツテを頼り、何名かのマンション管理士にお声掛けしましたが、なかなかいい返事がもらえません。というのも、マンション管理士自体の絶対的な数が少ないのです。それでもさまざまなルートを通じて、3社との面接が決定。公平性を担保するため、私の他に2名の理事に同席してもらい、3名で面接をして比較検討することにしました。

面接で話を聞いていると、マンション管理士は基本的にたくさんのマンションを掛け持ちで担当しているので、本当にきちんと我がマンションの仕事が務まるのかと率直に心配の念が湧いてきます。

3社のうち1社のマンション管理士事務所は、複数の担当者でひとつのマンションをカバーしているとのことで安心でき、この事務所との契約を理事会で承認してもらいました。期の途中からの契約だったので、その期末までの期間限定のようなかたちになりましたが、次期理事会では年間契約を前提でお願いしました。こうしてマンション管理士との二人三脚の運営が始まったのです。

File. 17 高いのか安いのかわからない見積もりをマンション管理士に相談して解決

日用品や家電、自家用車くらいまでなら価格の相場感がわかりますが、マンションの修繕費用や備品購入の話となると正直なところピンとこないものです。

理事会では修繕や備品購入などの見積もりが妥当かどうかを審議しますが、これまではほとんどの案件で、管理会社が出してきた見積もりを承認する形になっていました。金額が高いものは相見積もりを前提としていたのですが、いつも管理会社の方が若干安い程度。疑うわけではないですが、出来レースのような雰囲気は否めませんでした。

もちろん価格の安さだけが購買の基準ではありませんが、理事会メンバーは普段から修繕や購買などの仕事をしているわけではないので、見積もりの良し悪しが判断できなかったのです。

マンション管理士と契約してからは、理事会への参加と助言を必須でお願いしました。マンション管理士に相談することで見積もりの納得感が増しただけでなく、マンション管理士からも見積もりが出され、本来の「相見積もり」が成立するように。マンション管理士は他のいろんなマンションで同様の相談に乗っている経験から相場観がある程度わかり、業者など独自のネットワークも持っています。自分で調べてみてわからないことも、マンション管理士のネットワークで調べてもらえばすぐに解決できました。

これまで管理組合は管理会社の言いなりのような構図になっていましたが、マンション管理士が管理組合の目線に立って管理会社と交渉してくれるようになってから、多くの問題が相談で解決され理事長としてはとても気が楽になったものです。

File. 18 上層階から流れてきた土で3階のベランダ水浸し騒動

定例の理事会で、理事から「管理会社から3階の居住者のベランダが水浸しになっていると報告がありました」と報告がありました。報告の報告。そんなことより、ベランダが水浸しのまま暮らしている居住者は大丈夫なのか？　そもそも雨どいを詰まらせるって、とんだ迷惑行為では？　管理会社からの報告では3階の居住者が犯人扱いされているようでした。雨どいは共用部に該当するため、ベランダで鉢植えなどから土が流れて雨どいを詰まらせた場合は、個人負担で修理をお願いしなければなりません。

百聞は一見にしかずということで、後日、問題となっている居室を訪問してベランダを見せてもらいました。ベランダには鉢植えどころかなにも置かれておらず、プールのように水だけが溢れかえっていました。落ち葉が積もっているようにも見えません。素人では解決できそうにないので、業者に依頼して詳しく調査をしてもらうことになりました。

後日、調査に来た業者が配管を調べたところ、3階の住人の無罪が判明。むしろその方は被害者で、他の3階の住人のベランダも水が溢れていることもわかりました。原因は、長年にわたり上層階から流れてきた土砂が堆積して3階の高さまで積もり、3階で雨水が溢れたとのこと。当然、3階の居住者に非はありません。

管理組合の修繕費で修理したのですが、長年清掃されていなかった雨どいの中は汚泥がギッシリと堆積。汚泥は産業廃棄物として業者に処理してもらいましたが、ひどい光景でした。

とんだ冤罪騒動となった3階の住人には申し訳なかったです。

File. 19
営利行為は規約違反！共用部で学習塾開講の噂

いつものように、理事会で投書箱の投書を議題にしていたときのこと。その中に「共用部で学習塾をやっている人がいるらしいのでやめさせてほしい」という投書がありました。

そんな情報は理事会のメンバーももちろん知らず、一同キョトン。マンションの管理規約では、マンション内での営利行為は禁止と明記されています。これに則ると学習塾は立派な営利行為であり、管理規約違反です。

理事の中には、「マンション内の住人同士が共用部を利用しているなら問題ないが、外部の人に使わせるのは問題だ」、「廊下まで話し声が響くとうるさくて迷惑になる」、「外部からの不特定多数の人が館内を歩き回るのは防犯上の問題がある」といった意見が出ました。

理事会では早速、理事長名で警告書を出し、それでもやめない場合は退去勧告を行うべきだということで話がまとまりました。

しかし、この投書自体が無記名であり、共用部での学習塾開講の証拠もありません。共用部に友人や知人を呼んで勉強会や同好会を開いているだけなら問題ないのです。焦点は、「それが営利目的かどうか」。

広告会社の社員はこういうとき、徹底的に情報収集をします。私は住民や管理人へのヒアリングを慎重に行い、結果として、不特定多数の住民ではない子どもたちが共用部の会議室に出入りしていることがわかりました。

そこまでは掴むことができたのですが、それが学習塾なのかただの会合なのか、判断がつきません。

数週間後、ある理事がネットで学習塾の記事を発見したと報告してくれました。その記事には、我がマンションの会議室の写真がばっちり写っていました。これが動かぬ証拠となり、すぐに理事長名で警告書を掲示。

時を同じくして新型コロナウイルスまん延による非常事態宣言の発令を受けて、共用部の使用も禁止となりました。つまり学習塾も強制的に終了となり、その後は噂レベルでもまったく聞いていません。

マンション内での習い事の教室を営利目的の利用と判断するかどうかは、その時々の理事会の考え方によるものです。マンションによっても見解は異なるでしょう。今回のケースは、徹底的な情報収集と迅速な対応が解決の鍵となりました。

File. 20 夜の洗濯機騒音で不眠に……洗濯機の防振を全戸に推奨

投書箱に入れられる要望は後を断ちません。「夜、洗濯機の騒音がうるさくて不眠になった」と、投書がありました。

投書のあった居室へ管理人が現地調査をしに行きましたが、原因となる洗濯機がどの居室に置かれているものかわからないとのこと。音の発信源は隣家とは限りません。問題の居室を挟んでいる上下階の洗濯機が怪しいと睨むも、どうやらそこではないようなのです。振動は予期しない方向にも伝わるため、上下左右の居室が原因ではないと判明した時点で、上下左右のさらに上下左右、斜めの居室など、いたずらに調査範囲を拡大することはやめました。

こうした苦情の解決策はまず、全戸に夜間はなるべく洗濯機を稼働しないよう注意喚起することです。その上で管理組合は、洗濯機騒音の根本原因解決グッズを推奨することになりました。住民の注意だけでは防げないケースもあるので、物理的な解決法も提案します。

洗濯機の足部分に敷くだけで騒音問題が解決できる「洗濯機用防振ゴムマット」なる商品の存在を知って、私も自宅の洗濯機の下に早速敷きました。値段は当時の価格で1000円未満というお手軽さ。

管理組合の推奨どおり全戸でこのゴムマットを導入してもらえたら、洗濯機の騒音問題は解消できるでしょう。同じような問題でお困りの管理組合理事の方は、ぜひ導入をオススメします。

File. 21 粗大ゴミの無断放置VS防犯カメラと警告

ゴミのトラブルといえば、どこのマンションでも必ず出てくる身近な問題であり、また難題でもあるのです。とくにゴミのいい加減な分別が最も根深い問題で、その場合、行政がゴミの回収を拒否することもあります。そうなるとマンションのゴミ置き場に放置されたままとなり、住民の間でトラブルになることもしばしば。我がマンションでもゴミの分別について何度も繰り返し告知を行い、その成果で徐々に問題が改善してきましたが、大型かつ有料の粗大ゴミに関しては依然として頭の痛い問題が残っています。

粗大ゴミとは、通常のゴミに比べて大きなサイズのもので、家庭用の一般ゴミとして扱えない物品を指します。具体的には、家具（ソファ、ベッド、テーブル）、電化製品（冷蔵庫、洗濯機、テレビ）、自転車などが含まれます。各自治体によって基準は異なりますが、一定のサイズや重量を超えるものを粗大ゴミとして扱うのが一般的です。粗大ゴミは他のゴミよりも処分に手間がかかるため無断放置されやすいのかもしれません。

粗大ゴミを出すにはまず、回収を希望する粗大ゴミのリストを確認し、電話やインターネットを使って自治体の回収センターに回収の予約を取ります。予約が完了したら、コンビニエンスストアや指定された販売店で粗大ゴミの回収手数料を支払い、そのときに発行される手数料シールを粗大ゴミにしっかりと貼ります。そこまで準備した上で、指定された日時と場所へ粗大ゴミを運び出すのです。手数料シールが貼られていない場合や、予約がされていない粗大ゴミは回収されないので注意が必要となります。

こうした一連のステップを踏まず、マンションのルールを守らずに粗大ゴミを出す住民が残念ながら後を断ちません。意図的に深夜や早朝にこっそり粗大ゴミを放置するケースもあります。

防犯カメラの設置が進んでいるマンションでは、そのような行為を行った住民は大抵特定され、しかるべき措置が取られることになるのです。

ルール違反をした住民に制裁を加えるのは因果応報としても、ゴミ問題の根本的な解決にはなりません。マンション内でのゴミ問題を解決するためには、住民全員がルールを理解し、守ることが不可欠です。

ルール違反者とのイタチごっこを繰り返していても進歩がないので、住民へ粗大ゴミに関する正しい知識を広め、適切な方法で処理することが、快適な居住環境を維持するために重要となります。

とはいうものの、粗大ゴミは現在も出し続けられています。粗大ゴミとして出すよう、放置されたゴミに警告シールを貼り人目に付く場所に置いておきますが、イタチごっこは続きます……。

File. 22 ゴミを分別しない迷惑な住民たち

ゴミの問題は粗大ゴミだけに留まりません。可燃ゴミの日に不燃ゴミを出す輩、可燃ゴミの中にビンや缶を混ぜて出す輩、ペットボトルに飲料が残ったままの状態で出す輩……。魑魅魍魎のごとく、マンションのゴミ置き場にはあらゆる種類のルール違反者が現れるのです。

この他にも、土や石膏ボード、タイヤ、パソコンなど、「逆に、どうして可燃ゴミに捨てても大丈夫だと思った?」と理解に苦しむようなゴミも。

我がタワマンでは、ゴミ収集日のたびに管理人がゴミのチェックをして、ルール違反を発見した場合は注意のシールを貼って対応しています。シールが貼られたゴミは一度持ち帰り、正しく分別して出し直さなければなりません。

ただ、管理人もすべてのゴミをチェックできるわけではなく、チェックをスルーしてしまったルール違反のゴミは、自治体から回収を拒否される可能性があります。それが続けば、そのマンションのすべてのゴミ回収を拒否される可能性も十分に考えられるのです。

現実に起きたらあまりにも恐ろしい事態ではないでしょうか。マンション中のゴミが回収されずに荒れ果てる未来を迎えないためにも、住民みんなでルールを守らなければなりません。

File. 23 住民交流会の開催による長期的なトラブル対策

共用施設の充実したタワマンでは、ロビーやラウンジを利用して住民同士の交流を促す機会を設けているところもあります。主催は管理組合だったり有志だったりとさまざまですが、ビューラウンジで音楽の生演奏を聴くなど楽しいひと時を過ごすと、住民間のトラブル対策にもつながるものです。音楽の生演奏をしてもらうとなると演奏者への謝礼が高額になるのでは？　と思われるかもしれませんが、無料でお願いできるケースもあります。無料とはいってもスポンサー付きという意味合いなので、もし条件が合致すればおトクに利用できるでしょう。

音楽ではなくとも、住民の中に料理やアートなどが得意な方がいれば、その方向で催しを企画してみるのもひとつの手。管理組合理事として、住民間のトラブル仲裁で気力体力を奪われずに済むよう、日頃からのこうした根回しが重要になるのです。

File. 24 飛んできたエアコンの室外機で窓ガラス破損

2019年10月に発生した台風19号は近年稀に見る大型台風で、みなさんの記憶にも残るものだと思います。神奈川県の武蔵小杉では、台風の影響で近くの多摩川の水位が上昇したことで支流の水が排水管に逆流し、雨水と下水の混じった汚泥がタワマンの地下階に流れ込みました。それだけでも地獄絵図ですが、流れ込んだ汚泥によって電気系統まで故障し、約2週間にわたって停電と断水が続いたのです。

この台風19号では多くのタワマンで被害が出ました。高層階の網戸が飛ばされた事例が多く発生していたようです。まさか理想のタワマン生活がそんなことになるなんて、住民は夢にも思わなかったでしょう。

私のマンションでは網戸が補強されており、飛ばされる被害は発生せずに済みましたが、強風で飛ばされたエアコンの室外機が窓ガラスを破損する被害が2世帯で発生しました。あの重い室外機が飛ばされるほどとは、風がどれほど強かったかがよくわかります。もともとタワマンの高層階は強風の影響を受けやすく、風が強い日には建物がわずかに揺れることもあります。

近年、台風はどんどん大型化しています。我がマンションでは、台風対策をよりいっそう強化する必要があると判断しました。管理組合としては、網戸の補強と、エアコン室外機の足の部分をコンクリート製にして強化する工事を斡旋。室外機の足部分はプラスチック製で軽いのですが、コンクリート製の重たい足に付け替えれば風で飛びにくくなります。工事は住民負担による任意参加としました。

今後も大型台風は発生し続けるでしょうし、全国のどの地域でも被害を受ける可能性が十分に考えられます。

管理組合が主導して住民に安全対策の重要性を啓発することは、もはや管理組合の義務レベルで捉えておいてもいいかもしれません。

File. 25 隣接した建物と繋がる上層階のエントランスから雨水が侵入

私のマンションのエントランスは隣接する建物と繋がっています。タワマンは鉄道駅や商業施設などとエントランスが繋がっている物件も多いです。こちらも台風がらみの被害ですが、我がタワマンのエントランスに、隣接する建物から雨水が侵入する事件がありました。台風による大雨で隣接する建物の屋上に水が溜まり、それが暴風に煽られてマンションのエントランスから建物の中に侵入してきたのです。エントランスは雨水が溢れかえるほどの惨状でしたが、幸いなことに下の階に流れ込むまではいきませんでした。

この事件を受けて、理事会では対策として土嚢を購入することとしました。土嚢というと土を袋に入れたものを想像しがちですが、最近では水を含むと膨張するタイプの土嚢があり、緊急時の水害対策には非常に便利なのです。この「吸水性土のうアクアブロック」は土を使わず水だけで膨らむ吸水性土嚢で、使用前は約４００グラムと非常に軽量。保管場所にも困りません。水に浸すと約３分で膨らみ、土嚢としてスピーディーに使用できます。材質には麻袋と高吸水性ポリマーが使用され環境に優しく、乾燥させることで再利用が可能というエコっぷり。

これを備えておけば、家屋や店舗はもちろん、車庫や地下室への浸水防止にも役立ちます。

マンションで土嚢を購入してから、それを使用するような事態にはまだ見舞われていませんが、備えあれば憂いなし。それほど場所を取らないので、防災グッズと一緒に保管しておくのがオススメです。

File. 26 タワマンではアラームの音にも要注意

タワマンといえば建物の高さがある分、地上の喧騒から離れ、静けさの中で暮らせるイメージを持たれがちです。しかし実際は、高層階になるほど風の音や外部の騒音が強く響くだけでなく、音は下から上に伝わりやすい性質を持つため、地上の音がより聞こえやすくなります。さらに構造上の性質でタワマン内部の音が聞こえやすいという問題もあるのです。

タワマンは見ての通りの高層建築。建物全体の重量を軽減するために軽量な建材が使用されています。とくに、隣戸との壁には石膏ボードを使用した「乾式壁」が多く採用されています。この乾式壁は、コンクリートの湿式壁に比べると軽量化できるメリットがある反面、遮音性が低いというデメリットもあります。

そのため隣戸や上下階からの生活音（足音、家具の移動音、掃除機の音など）も壁や床を通じて伝わりやすいのです。管理組合に寄せられる苦情の中には「早朝から目覚ましのアラーム音がうるさい」というものもあるくらいです。住民がなかなか起きず、スヌーズ機能を何度も繰り返し起動させていたら、たしかにイラッとするかもしれません。

また、タワマンでは建物の軽量化や配管の利便性向上のため、「ボイドスラブ」や「二重床」などの工法が多く用いられます。あまり聞き馴染みのない用語ですが、これらの工法は建物の軽量化や配管・配線の利便性を高めるために空洞部分があるのです。そこが音を反響させやすく、遮音性に影響を及ぼすことがあります。

これらの要因が重なり、タワーマンションでは周囲からの音が聞こえやすいのです。住民ができる騒音対策は、防音カーテンやカーペットの導入が有効例として挙げられます。マナーとして互いのことを思いやり、できうる対策を取りながら暮らしていきたいものですね。目覚ましの音には十分気をつけ、近隣の迷惑にならないようシャキッと瞬時に起きましょう。

File. 27

日頃から挨拶や会話をして住民との関係づくりを

タワマン内で住民とコミュニケーションをとることは、快適な生活環境を築くための基本となります。エレベーターや共用スペースで顔を合わせたら笑顔で挨拶することから始めたいところです。挨拶ひとつでも住民同士の信頼関係を築く上では大きな一歩となります。

タワマン内にあるラウンジやコミュニティルームなどの共用スペースを積極的に利用し、他の住民と自然に会話する機会を増やすのも、関係づくりのひとつの手です。読書や仕事のパソコン作業などを共用スペースで行えば、そこに出入りする他の住民との接点が生まれ、会話のきっかけになるかもしれません。もしペットを飼っているなら、散歩中に遭遇した他の住民と自然に会話が生まれます。

定期的にバーベキューやクリスマスパーティーを開催しているタワマンもあります。

イベントに参加すると必ず他の住民との交流が生まれるので、それをきっかけにして親睦を深められたら理想的です。

バーベキューやパーティーほど華のあるイベントでなくても、マンションの清掃活動などで雑談する程度でも十分だと思います。私が理事長を務めていた期間はコロナ禍と重なり、密を避けるために集会やイベントが実施できず、住民同士の交流の機会を作れなくて残念でした。

余裕があれば、自分で小さなイベントを企画するのも良い方法です。マンション専用のＳＮＳグループや掲示板を導入しているところでは、それらのツールを使って情報交換や意見交換を行いましょう。オンラインでのコミュニケーションも、うまく利用すればリアルな関係構築に役立ちます。

私が理事会に提案して導入した「ネットを介して住民間で商品の貸し借りをするサービス」があったのですが、残念ながらこちらを利用して住民同士の活発な交流を生むまでには至りませんでした。ただサービスを提供するだけではうまくいかないのだと、身をもって学んだのであります。

管理組合の透明性を担保する意味合いでも、住民とのコミュニケーションは大切です。定期的な会議に住民が参加しやすく、発言のハードルが下がるような雰囲気づくりには、日頃からのコミュニケーションが欠かせません。住民同士の交流が盛んな文化はマンション全体の魅力を高め、資産価値を維持・向上させる効果も期待できるのです。

イベントやサービスを利用するまでもなく、ちょっとした助けや親切に対して「ありがとう」と感謝の気持ちを伝えるだけでも、良好な関係づくりに繋がります。タワマン内でのコミュニケーションを円滑にして、住民同士の関係を深めていきたいものです。

File.28 いざというときに命を守るための避難訓練

耐震構造で地震に強いタワマン。いざというときは屋外に避難するよりもマンションの中に留まる方が安全なのです。

建物の構造もさることながら、自家発電設備や防災グッズも完備されており、マンション自体が避難所として機能します。タワマンは来《きた》る大地震に備え、対策がしっかりと計画されているのです。

いくら物品が備えられていても、災害時に使えないようでは宝の持ち腐れになってしまいます。

日頃の防災訓練で、避難経路や防災備蓄品の格納場所、防災機器の使用方法などを住民と共有し、周知しておくことが重要です。消火器は訓練で火災発生時を想定し、使い方を実演するのも効果的なので、管理組合から住民に防災訓練への積極的な参加を促すことが大切です。

避難訓練の他にも、低層階が津波で使えない場合など、一時的に高層階の部屋に避難させてもらえるような共助の仕組みを作っておきたいものです。自分の部屋が使用不能になった場合、マンション内でお世話になれる関係先がなければ共用施設に避難することになります。

外よりはマシとはいえ、心細いものです。防災に関わる設備やグッズの備えだけでなく、マンション内の住民同士の共助も災害時の重要な対策と考え、関係づくりを大切にすることが必要です。

File.29 共用部が多いと電気代の高騰で出費が激増

タワマンの共用部を見てみると、電気依存が高い設備がほとんどです。エレベーター、廊下の照明、空調設備など、多くの設備に電力が利用されています。その電気代は管理費から賄われているので、電気代が値上げされれば財政面に大きな影響が及ぶのです。

近年、エネルギー価格の上昇や為替の変動によって電気代は徐々に上昇しています。電気代節約のために、共用部にある照明の点灯時間短縮や、エレベーターの運行時間制限といった対策が取られることも。エネルギー効率の高いLED照明への切り替えや太陽光発電システムの導入などのエネルギー効率化も有効です。

それでもますます上昇する電気代の値上げ分を補うことは困難、というのが実情なので、住民の理解を得た上で管理費の値上げも検討が必要となります。

File. 30 「マンション内民生委員」の必要性を痛感

地域福祉の増進を目的として活動するボランティアに「民生委員」がいます。名称は誰でも見聞きしたことがあるでしょう。民生委員は厚生労働大臣から委嘱を受けて、地域住民の生活相談や支援を行っています。高齢者のケアだけでなく「児童委員」も兼ねており、子どもたちの見守りや子育て支援も担当しているのです。民生委員は特別職の地方公務員として無報酬で活動しますが、活動費として年間約5万9000円が支給されます。

私が理事長を務めていた当時、町内会の民生委員から相談を受けました。それは「タワーマンションはセキュリティが厳しくて中に入れないので、マンション内で民生委員を募集して住民の見守りをお願いできないでしょうか」というもの。

少数ではありますが、タワマンの住民にはもちろん一人暮らしの高齢者もいます。

民生委員は定期的に高齢者宅を訪問し、相談や支援をしながら安否確認をしてくれるのですが、タワマン内の高齢者宅を訪問するとなるとハードルが高いというのです。その上、民生委員はボランティアなので、なり手がなかなか見つからないと聞きました。

確かに、タワマンに住んでいるからといって管理組合や管理人が高齢者の支援をしてくれるわけではないため、安否確認を含めた高齢者のフォロー体制がマンション内に必要かもしれません。

私はその相談を受けて、民生委員がタワマン内に存在していることの重要性を痛感しました。

さっそく、マンション内で民生委員募集の掲示を開始。併せて、歴代の理事長経験者や定年退職して時間に余裕がありそうな方、ボランティア活動に熱心な方に個別に打診しました。

その結果、引き受けていただける方が見つかりました。ただし民生委員にも定年があり、それが原則75歳とのことで、今回民生委員を引き受けてくれた方も数年後に定年を迎えてしまいます。数年後にまた民生委員の後継者を探さなければならない問題が残りました。

社会問題の縮図のように、マンションの住民も高齢化が進んでおり、見守りの対象者が年々増える傾向にあります。民生委員が一名では負担が集中してしまいますので、次のなり手を募集しやすくするために、管理組合主導で環境づくりをしていく必要がありそうです。

File. 31 主体は住民! 管理会社に任せきりはNG

理事会や総会が、マンションの運営や修繕計画、予算など重要な事項を決定する場であることは、これまでも説明してきました。住民の積極的な参加によって、自分たちの意見や要望を直接反映させることができ、住民全体の満足度向上に繋がるのです。住民がマンションの運営に無関心では、何者かが不正を働いたとしても発覚が遅れることも十分に考えられます。理事会や総会への主体的な参加によって、管理会社の業務や経費の使い方が透明になり、不正や無駄遣いを防げるので健全な運営が可能となります。

もっとも、不正を働く人がいないに越したことはないのですが、目を光らせておけば未然に防げる事案もあるはずです。財政面で安定していれば適切な修繕や管理が行われ、マンションの資産価値が維持・向上します。もしマンションを売却するとしても有利な条件で取引できるかもしれません。

理事会や総会への参加は、住民同士の交流を深めるきっかけにもなります。また、コミュニティの結束力が強化される効果も期待できます。マンション内で起きる各種トラブルの予防や、問題が起きた場合でも人間関係がしっかりと構築できていれば解決が迅速にできるでしょう。

コミュニティの結束力は、緊急時にも生きてきます。災害を想定した避難計画や防災訓練などに住民が主体となって取り組むことで、いざというときに指示待ちではなく主体的に動けるようになるのです。

管理会社に任せきりにせず、住民全体で協力し、より良い住環境を築いていく必要性を、理事長になって強く感じました。

File.32 大理石の床が陥没、次々と見つかる穴、まさに絶望の淵

自慢したいわけではないのですが、タワマンでは多くの場所に大理石が使用されています。高級感を出すためなのでしょうか？　住んでいる私も、理由はよくわかりません。

この大理石、たしかに高級な雰囲気を漂わせてくれるのですが、性質的にとても傷みやすいのです。そのため住民には、引っ越しや家具・家電製品の配達時には必ず床に養生をしてから作業を行うようお願いしています。養生をせずに重い荷物を載せると大理石が割れてしまうのです。

管理組合の頭を悩ませるのは、日常的な荷物の配達です。宅配便レベルなら荷物の重量がそれほどないので床に養生をする必要はないですが、その荷物を載せる台車をものすごいスピードで走らせる業者がいます。業者さんも急いでいるのはわかります。

でも、床に傷ができるのを黙ってスルーするわけにもいきません。見かけ次第管理人が注意していますが、毎日配達される荷物の数は想像以上に多く、いろんな業者が入れ代わり立ち代わりやってきてキリがありません。

業者はエレベーターも使います。我がタワマンでは数台あるエレベーターのうちのひとつが、荷物運搬専用のエレベーターになっていて、壁にカーペットが敷かれていることで傷がつかないように養生されています。それなのに、業者は荷物用ではないエレベーターに台車を入れて運んでいくのです。繰り返しますが、業者さんも急いでいるのはわかります。でも、エレベーター内の壁には多数の傷がついてしまいました。小姑みたいなことはあまり言いたくないのですが、一度気になり始めるとずっと気になります。

エレベーターホールとエレベーター内には防犯カメラが設置されていて、誰が床や壁を傷つけたかは映像を検証すればすぐにわかります。しかしながら、業者の出入りがあまりにも多いので、いちいち追及している暇もないというのが現状です。

理事会としても対策を検討しました。その際に理事から「すべてのエレベーターを養生してはどうか」という提案が挙がったのですが、どうしても見てくれの悪さが懸念されます。そこで、「養生がされていないすべてのエレベーターで、台車の使用を禁止」としました。決定後は、入ってくる業者にそれを守ってもらうため、エレベーターホールに台車の使用に関する注意喚起文を掲示し、様子を見ることに。

壁の傷問題はこれで対策できたのですが、大理石を使った床面をどう守っていくかは対策が見つからないままでした。そんな中、ある日私がエレベーターホールを歩いていると、ハイヒールを履いた女性がよろけて倒れそうになったのです。目の前でそれが起きた私は動揺しながらも、なぜ女性がよろけたのかを考えました。女性の動きからしてハイヒールの先が何かに引っかかったように見えたので、私はその場所を確認したところ、なんと大理石の床に穴が開いていました。「嘘でしょ？」と思わず声が出てしまいます。

修繕費のことが頭をよぎり、まさに絶望の淵。この女性がハイヒールで穴を開けたのか、もともと開いていた穴に引っかかったのかはわかりませんが、翌日あらためて見に行くと穴は広がっていました。私はすぐさま、管理人に安全対策を指示。カラーコーンを穴の周りに立て、紐で囲い立入禁止にしてもらいました。

穴の下が気になった私は、そこをよく覗いてみたところ、空洞が広がっています。空洞ということは、建築工事自体に問題があった可能性も浮上してきました。施工したゼネコンに調査を依頼し、私も立ち合いをしつつヒアリング。ゼネコン担当者の説明では、「下に住戸があるため、騒音対策で床下に空洞を設けてある」とのことでした。

その後もよく調べると、最初に発見された場所以外にも、穴が複数箇所で見つかりました。大理石は海外からの輸入品で、修理をするとなると大きな出費になります。私は「大理石の下が空洞になっているせいで、強度が落ちて穴が開いたのでは？」とゼネコン側の過失を追及しましたが、ゼネコン側は「強度は問題ない。分譲してから十数年経っているが今まで問題はなかったため、修復工事は行うが、費用負担はできない」と主張し、やりとりは平行線に。

納得できなかった私は粘り強く交渉を続け、最終的に工事費用はゼネコンが全額負担することで解決となりました。修繕費はただでさえカツカツなので、戦い抜いて本当によかったです。

［第6章］

それでもやっぱり
タワマン生活は
最高！

タワマン最大のメリットを住民みんなで享受しよう

理事長時代は散々な目に遭ってきましたが、それでもやはりタワマンの魅力はたくさんあります。私が思うタワマン最大のメリットはズバリ、その利便性と快適性です。タワマンならではともいえる高層階からの眺望は、日常生活にたしかな特別感を与えてくれますが、最たるメリットはそれではないような気がしています。タワマンは立地がよく、駅や商業施設へのアクセスが容易ですし、都心部に住むことで通勤や買い物がしやすいです。

マンション内のことでいえば、便利なコンシェルジュサービスやセキュリティ体制が整備されているおかげで、暮らしやすさが別格に。多くのタワマンに常駐しているコンシェルジュは訪問者への対応をはじめ、タクシーを呼んでもらったり、日常のちょっとした頼みごとをお願いできたりするので、今ではなくてはならない存在になっています。

セキュリティ面では、エントランスからエレベーターへの移動時に専用カードキーを使用するシステムが一般的です。この仕組みにより居住者以外の出入りが制限され、子どもや高齢者も安全に生活できる環境が整っているのも美点のひとつといえるでしょう。

フィットネスジムやゲストルーム、ラウンジなど、充実した共用施設もお気に入りです。足を運ぶと住民同士で交流する機会が持てるので、人間関係が希薄になりがちなマンション生活でも、共用施設の存在がコミュニティ形成に寄与していると感じています。タワマンは、利便性と快適性という恩恵を住民みんなで享受しつつ、充実した生活、ひいては人生を築いていく場所なのです。

各フロアにAEDが！　高齢者こそ住んで安心のタワマン

多くのタワマンでは、各フロアにＡＥＤ（自動体外式除細動器）が設置されています。ＡＥＤが必要になる場面は老若男女だれにでも起こり得ますが、高齢者にとっては特に安心できる住環境ではないでしょうか。万が一の心停止や急病時にも、各フロアにＡＥＤが設置されていることで迅速な対応ができます。命を守るための重要な設備です。一軒家やタワマン以外のマンションではあまり見かけない設備なので、タワマンならではの手厚さだと感じています。

タワマン内はバリアフリー設計になっていて、身体が不自由な人や高齢者に優しいつくりです。その上で、健康管理に役立つフィットネス施設を備えるところもあり、住民の健康寿命を延ばすための支援がなされています。タワマンといえば若い世代の人が住むイメージがあるかもしれませんが、高齢者にとっても安心できる住まいであり、さらには暮らしの質を高める環境といえます。

耐震設計は通常の建物より高く備蓄も充実

災害時の話はこれまでも繰り返してきましたが、タワマンは耐震設計が通常の建物よりも厳格で、大地震にも対応できるたくましさが備わっています。揺れを最小限に抑えることで、地震そのものから住民の安全を守るのです。しかし地震そのものの被害を免れても、停電や断水などの被害が数日にわたり続く可能性は十分に考えられます。災害時に備えた備蓄スペースが充実しているのも、タワマンの大きなアドバンテージです。食料や飲料水、救急用品などの非常用物資が共用部に保管され、緊急時にはスピーディに利用できる体制が整えられています。

非常用物資が備蓄されているだけでも安心材料になりますが、さらに自家発電設備を備えているタワマンも多いです。自家発電設備があると停電時でも電力供給が可能なため、エレベーターや共用施設の一部が利用でき、最低限の生活を維持することができます。こうした耐震設計、備蓄、自家発電と災害時に必要な機能が揃い、災害時にも安心して生活できる環境がタワマンの強みです。

駅近で値下がりしない資産

一生の棲家として売却の予定がない場合でも、自分の家の資産価値が低下していき、さらには価値ゼロに等しくなるサマを見届けるのは哀しいものです。タワマンは資産価値が下がりにくく、長く住み続けることができるという大きなメリットがあります。特に駅近の立地にあるタワマンは、交通の便がいいことは言うまでもなく、商業施設や学校、医療機関などの生活環境も整っていて需要が高いです。自宅周辺で生活に必要な施設が揃い、効率的に生活ができることで、移動の手間や時間を削減でき、日々のストレスが軽減されます。誰もがより便利に暮らしたいと考えるものなので、駅近にあるタワマンは人気が揺るがず、資産としての価値が維持されやすいのです。

これに先述した設備の充実度やセキュリティの高さといった要素がプラスされるので、いざ売却を検討する際もスムーズに事が運ぶ可能性が高いです。当然ながら、需要の高い立地かつ設備が整ったタワマンは買い手が見つかりやすく、売却に苦労することが少ないのも大きなメリットといえます。

資産として長く保持することもできますし、ライフスタイルの変化に応じて売却しやすくもある、柔軟性の高い物件なのです。

マンションの維持管理に興味を持って、掲示板を見る習慣を

資産価値の観点で自身のタワマンを見てみるのは、住人としてとても大切な姿勢だと思いました。マンションの維持管理に興味を持ち、理事会の議事録を定期的に読み、掲示板を確認する習慣をつけることは、タワマンに住む上での必須条件ともいえます。理事会はマンションの運営や修繕計画、予算の使い方など、住環境の維持に関わる重要な決定を行う場です。そこでどのような議論が行われ決定されたか、議事録をよく読むことで、マンションの将来に関する情報を把握することができます。

せっかく自身の大切な財産を投じて手にしたタワマン暮らしも、もし理事会が適切な運営をしてくれずに資産価値を大きく下げることになれば、売却時に残念な事態が起こるでしょう。ましてやマンションの維持管理に無関心でいたならば、自業自得としか言いようがない状況に追い込まれてしまいかねません。資産を守る意味合いでも、マンション運営に積極的な住民であることを心がけたいものです。

マンションの掲示板には理事会からの連絡や住民向けのお知らせが掲示されており、日常的な注意事項や行事の案内なども含まれています。これを定期的に確認すればマンション内でのルールや最新の情報を見逃さないだけでなく、住民同士の円滑なコミュニケーションやトラブルの未然防止にも役立ちます。マンションの維持管理に関心を持ち、情報を積極的に取り入れることで、安心で快適な生活を維持し住民としての責任も果たすことができるのです。

マンション内での交流の場が住民の生きがいづくりに

学校や職場にもあるような同好会や交流会といった人と人とが関わり合う場は、日々の生活に彩りを与えてくれます。人によっては、そうした場を「生きがい」と捉えることもあるでしょう。マンションには多様な世代、職業、価値観の人々が住んでおり、定期的な交流の機会を通じて、ひとつのコミュニティを形成していくことができます。

たとえば共通する趣味を持つ住人が集まる同好会や、子どもや高齢者向けのイベントを開催することで、住民の孤立を防ぎ、心身の健康維持にも役立つと思うのです。このような場は、会社、学校、家族といった既存のコミュニティ以外の新たな関係を築くきっかけとなり得ます。会社を定年退職した後の高齢者にとっては、とくに生きがいを見つける大きな支えになる可能性があります。

タワマン内のコミュニティは、個々人の生きがいづくりに繋がるだけではありません。住民同士の日常的なつながりを持っておくことで、緊急時や災害時の助け合いもスムーズに行えるようになり、マンション全体の安心感や快適さが向上します。住民同士の交流が活発なマンションは、より豊かな生活環境と生きがいを提供してくれる、価値ある存在となるのです。

もし、マンションに住んでいて住民同士の交流の場があまりないと自覚している管理組合の方がいらっしゃれば、ぜひイベントの企画から検討してみてはいかがでしょうか。

マンションの価値はコミュニケーションで決まる

コミュニティの活動を含め、良好な人間関係が築かれたマンションは居住者にとって住みやすく、資産価値の維持向上にも繫がります。

マンションの価値は住民同士のコミュニケーションによって大きく左右されるといっても過言ではありません。住民同士が自然に顔を合わせ、自然に会話が生まれるような場を持つことが理想的です。信頼関係は日常的に交わす小さな挨拶や定期的な集まりを通じて構築されます。積もり積もればマンション全体が安心で快適な居住空間になっていきます。トラブルが発生した際にも、住民同士の円滑なコミュニケーションが取れていれば、スムーズに解決できる可能性が高まるのです。

住民同士が仲良く暮らせる、住民全員にとって価値の高いマンション運営を目指したいものです。

おわりに

本書を執筆しながらあらためてタワマン理事長時代を振り返ってみると、「ない」こと尽くしの日々だったように思います。そして、私と同じ苦労を今まさに体験しているという人が日本中にたくさんいるのだろうと想像するのです。

必死の思いで購入資金を用意し、抽選で購入権が当たり、夢だったタワマン高層階の居室を手に入れたときは、まさか自分が管理組合の理事長を務めることになるとは予想もしていない、心構えもない、そんな状態でした。

断るわけにもいかず、なるようになるさ精神で副理事長、理事長とステップアップしながら務めてきましたが、マンション管理・運営の知識がない私は問題が起こるたびに苦悩する日々を送ることになったのです。

今どきですから、ネットで調べれば欲しい情報がヒットするだろうと検索窓にキーワードを入れてみても、芯を食った情報にはなかなか辿り着けません。知識がない。だから調べる。でも情報がない。もうどうしたらいいかわからない。そんな、先の見えない状況が続いていました。

優秀なマンション管理士と出会ってからは、たくさんのアドバイスをもらい、あらゆる面からサポートをしてもらえて、これまでの悩みは大幅に軽減。しかし、問題は次から次へと待ったなしで襲いかかります。

心強いマンション管理士がついているのだから、容易に解決できるだろうと思うじゃないですか。それができないのはなぜか。マンションに潤沢な修繕予算がないからなのです。

知識や経験のなさをカバーしたのに、次に立ちはだかる資金難の壁。マンション内で日常的に起こるちょっとした設備の不具合や破損などでも、それに使える予算さえカツカツな状況だというのに、コンサル会社がシミュレーションしたところによれば、数十年に一度の大規模修繕に向けた積立金が足りないことも発覚しました。

そこで私が実行したのは、第4章でも扱った修繕積立金を3倍に引き上げることです。これは前例のない改革であり、歴代の理事会が前例を作ってこなかったからこその、ツケが回ってきたようなものでした。最終的には全管理組合員による投票で、修繕積立金3倍引き上げの案は可決されましたが、そこに至るまでの過程があまりにも大変で、思い出すだけで胃が痛くなるような日々でした。

それでもやってよかったと心から思いますし、私もひとりの住人として、向こう数十年の心配事が払拭できたので安心して暮らせます。コロナ禍の影響を受けながらの理事長生活は波瀾万丈でありながらも、私にとって素晴らしい経験だったと実感するばかりです。

マンションは多くの人が共同で暮らす場所であり、快適な生活を送るために住民同士はもちろん、管理組合とのコミュニケーションがとても重要になります。

管理組合の役員に選出される前、ひとりの住民だったころの私は、住民同士のコミユニケーションを大切にしようなどとは考えてもいませんでした。マンション住まいはマンション住まいらしく、人間関係は希薄なくらいがちょうどいい距離感だと思っていたほどです。

しかし管理組合の役員になると、それ以前のような姿勢ではいられません。マンションを維持・管理していくには住民の協力が欠かせず、管理組合と住民の関わり合いを持つには、日常的なコミュニケーションが重要です。たとえ簡単な挨拶でも、住民と顔を合わせて声をかけ合うことで、少しずつ信頼関係が築かれます。

騒音苦情や駐車場利用のトラブルがあったとしても、普段から交流があれば、管理組合役員を間に挟みながら、住民同士が互いに話し合ってスムーズに解決できるはずです。

偉そうなことを書いておいて矛盾するようですが、マンションの管理組合役員をそれほど大げさに、仰々しく捉えないでほしいと思います。結局のところ、住民が快適で豊かに暮らせるマンションが最高なのですから、それを実現するために力を尽くすのみなのです。

管理費が足りない問題や、設備の欠陥が見つかるなど、理事会の頭を悩ます問題は数多あっても、住民同士が仲良く楽しく過ごしている姿を見れば「この笑顔のためにもっと頑張ろう」と、やる気が自然と湧いてきたものです。

広告業界では「ピンチと書いてチャンスと読む」とよく言われます。理事長時代は数々の困難に見舞われましたが、裏を返せばチャンスがそこら中に落ちていたということです。トラブルを乗り越えるたびに、マンション全体の結束が強まり、住民間の絆の深まりを実感してきました。

これからタワマンに住む方、タワマンへの転居を検討している方、タワマン管理組合役員としてお困りの方にとって、この本が少しでも参考になれば幸甚です。みなさんのタワマンライフが輝かしいものとなりますように。

〈「タワマン理事長」にご興味をお持ちのみなさまへ〉

人生100年時代に少しでも皆様のお役に立てればと思って活動しています。出張講演やセミナーのご依頼もお待ちしています。

連絡先は、ニューホライズンコレクティブ合同会社のページからお願いいたします。

竹中信勝（New Horizon Collective）
https://lifeshiftplatform.com/member/182

Profile

竹中信勝

（たけなか のぶかつ）

1961年10月生まれ。広告会社・電通に新卒入社。TVメディア、地方自治体、電力、住宅、自動車、流通、通信、金融等多数の業種を担当、新規顧客開拓で140社以上の実績。2020年12月末、35年勤務した電通を早期退職。人生100年時代における個人の多様な価値発揮を支援する仕組み＝『ライフシフトプラットフォーム（LSP）』のスターティングメンバーとして活躍中。2022年3月、社会構想大学院大学実務家教員養成課程修了。

タワーマンションを購入し、長い間管理組合の活動はスルーしてきたが、ある日管理組合の役員に抽選で決まり、しかも理事長を拝命する。全くの素人が悪戦苦闘しながら問題を解決していく。自分がいろんな人に聞きまわって集めたたくさんの情報や経験をブログ「タワマン理事長」として情報発信もする。幻冬舎WEBマガジン「THE GOLD ONLINE」において「タワマン理事長」を連載。

タワマン理事長

ある電通マンの記録

著者　竹中信勝

2025年2月10日　初版発行

装丁　森田直（FROG KING STUDIO）
編集協力　吉田奈苗
校正　東京出版サービスセンター
企画協力　松尾昭仁（ネクストサービス）
編集　大井隆義（ワニブックス）

発行者　髙橋明男
発行所　株式会社ワニブックス
〒150-8482
東京都渋谷区恵比寿4-4-9えびす大黒ビル
ワニブックスHP　http://www.wani.co.jp/
（お問い合わせはメールで受け付けております。
HPより「お問い合わせ」へお進みください）
※内容によりましてはお答えできない場合がございます。

印刷所　株式会社 光邦
DTP　株式会社三協美術
製本所　ナショナル製本

定価はカバーに表示してあります。
落丁本・乱丁本は小社管理部宛にお送りください。送料は小社負担にてお取替えいたします。ただし、古書店等で購入したものに関してはお取替えできません。

ISBN 978-4-8470-7529-2